JN439546

국제PEN한국본부 창립70주년기념 산문선집 01

International PEN-Korea Center pen

한국 펜과 국민 팬

김용재 김유조 김철교 심상옥 오경자 최균희

교음사

국제PEN헌장

국제PEN은 국제PEN대회 결의에 따라 다음과 같이 헌장을 선포한다.

1. 문학은 각 민족과 국가 단위로 이루어지나, 그 자체는 국경을 초월하여 그 어떤 상황 변화 속에서도 국가 간의 상호 교류를 유지해야 한다.
2. 예술 작품은 인간의 보편성에 바탕을 두고 길이 전승되는 재산이므로 국가적 또는 정치적 권력으로부터 간섭을 받아서는 안 된다.
3. 국제PEN은 인류 공영을 위해 최대한의 영향력을 발휘해야 하며 종족, 계급 그리고 민족 간의 갈등을 타파하는 동시에 전 세계 인류가 평화롭게 살아갈 수 있다는 이상을 실현하기 위하여 최선을 다해야 한다.
4. 국제PEN은 한 국가 안에서나 또는 세계 여러 나라에서 사상의 교류가 상호 방해 받지 않는다는 원칙을 준수하며, PEN 회원들은 각자 국가나 지역사회에서 어떤 형태로든 표현의 자유를 억압하는 데 반대할 것을 선언한다. 또한, PEN은 출판 및 언론의 자유를 주창하며 평화시의 부당한 검열을 거부한다. 아울러 PEN은 정치와 경제의 올바른 질서를 지향하기 위해 정부, 행정기관, 제도권에 대한 자유로운 비판이 필수적이고 긴요하다는 사실을 확신한다. 이와 함께 PEN 회원들은 출판 및 언론 자유의 오용을 배격하며, 특정 정치 세력이나 개인의 부당한 목적을 위해 사실을 왜곡하는 언론 자유의 해악을 경계한다.

   이러한 목적에 동의하는 모든 자격 있는 작가들, 편집자들, 번역가들은 그들의 국적, 언어, 종족, 피부 색깔 또는 종교에 관계없이 어느 누구라도 PEN 회원이 될 수 있다.

사) 국제PEN한국본부 연혁

국제PEN본부는 1921년에 창립되어 2022년 3월 현재 145개국 154개 센터가 회원으로 가입돼 있는 세계적인 문학단체이다. 국제PEN본부는 영국 런던에 본부를 두고 있으며 특히 UN 인권위원회와 유네스코 자문기구로 현재 전 세계 문인, 번역가, 편집인, 언론인들의 표현의 자유를 옹호하고 인권 문제를 다루고 있는 단체이다.

한국PEN은 1954년 9월 15일 변영로 · 주요섭 · 모윤숙 · 이헌구 · 김광섭 · 이무영 · 백철 선생 등이 발기하여 같은 해 10월 23일 당시 서울 소공동 소재 서울대학교 치과대학 강당에서 창립총회를 열고 국제펜클럽한국본부로 공식 출범하였다. 국제펜클럽한국본부는 그 이듬해인 1955년 6월 비엔나에서 열린 제27차 세계대회에서 정식 회원국으로 가입하고 그해 7월에 인준을 받아 오늘에 이르렀으며 2022년 3월 현재 회원 수는 4,000여 명이다.

사)국제PEN한국본부(International PEN Korea Center)는 역사와 권위를 자랑하는 국제적 문학단체로서 회원들의 양심과 소신에 따른 저항권과 표현의 자유를 옹호하고 구속 작가들의 인권문제를 다루며 한국의 우수 문학작품을 번역, 세계 각국에 널리 알리고 우리 민족의 고유문화와 전통문화 등을 해외에 소개하는 한편 세계 각국과 문화 교류 및 친선을 도모하는 데 주도적 역할을 담당하고 있다

1954. 10. 23.	국제펜클럽한국본부 창립
1955.	제27차 국제PEN비엔나대회에서 회원국 가입 『The Korean PEN』 영문판 및 불어판 창간
1958.	국내 최초 번역문학상 제정
1964.	PEN 아시아 작가기금 지급(1970년 제6차까지)
1970.	제37차 국제PEN서울대회 개최(60개국 참가)
1975.	『PEN뉴스』창간. 이후 『PEN문학』으로 제호 변경
1978.	한국PEN문학상 제정
1988.	제52차 국제PEN서울대회 개최
1994.	제1회 국제문학심포지엄 개최
1996.	영문계간지『KOREAN LITERATURE TODAY』창간
2001.	전국 각 시도 및 미주 등에 지역위원회 설치
2012. 9.	제78차 국제PEN경주대회 개최
2015. 9.	제1회 세계한글작가대회 개최
2016. 9.	제2회 세계한글작가대회 개최
2017. 9.	제3회 세계한글작가대회 개최
2018. 11. 6~9.	제4회 세계한글작가대회 개최
2018. 8. 22.	정관개정에 의해 국제PEN한국본부로 개명
2019. 2.	PEN번역원 창립
2019. 11. 12~15.	제5회 세계한글작가대회 개최
2020. 10. 20~22.	제6회 세계한글작가대회 개최
2021. 11. 2.~4.	제7회 세계한글작가대회 개최
2022. 11. 1.~4.	제8회 세계한글작가대회 개최

국제PEN한국본부 창립 70주년 기념 선집을 발간하며

국제PEN한국본부는 1954년에 창립되고 이듬해인 1955년 6월 오스트리아의 빈에서 열린 제27차 국제PEN세계대회에서 회원국으로 가입되었다. 초대 이사장은 변영로 선생이 맡고 창립을 주선했던 모윤숙 시인이 부이사장을 맡았다. 이하윤, 김광섭, 피천득, 이한구 등과 함께 창립의 중심 역할을 했던 주요섭이 사무국장을 맡았다.

6·25한국전쟁이 휴전된 지 겨우 1년이 되는 시점에 이루어낸 국제PEN한국본부의 창립은 매우 깊은 의미를 담는 거사였다. 그동안 국제PEN한국본부는 세 차례의 국제PEN대회와 8회의 세계한글작가대회를 개최하며 수많은 국내외 행사를 주최해 왔다. 이에 내년 2024년에는 창립 70주년을 맞이하게 되어 그 기념사업의 일환으로 PEN 회원들의 작품 선집을 발간하기로 하였다.

여러 가지 기념사업을 진행하지만 회원들의 주옥같은 작품집을 선집으로 집대성하여 남기는 일은 가장 중요하고 의미 있는 일이라 생각한다.

시와 산문으로 구성되는 선집은 우리 한국문학사의 중요한 족적을 남기는 귀중한 역사 자료로서의 가치를 갖게 되리라고 믿으며 겸허한 마음으로 70주년을 자축하는 주요 사업으로 진행하게 된다.

참여해 주신 회원들께 감사하며 어려운 여건 속에서도 기꺼이 출판을 맡아 준 기획출판 오름의 김태웅 대표와 도서출판 교음사의 강병욱 대표에게 심심한 감사를 드린다.

2023년 3월

국제PEN한국본부 이사장 김용재

차례

김철교

심상옥

오경자

최균희

김용재

1944년 3월 대전 출생. 아호 창운(蒼云)
대전고, 충남대 영문과 & 동 대학원 수학(영미시 전공, 문학박사)
대전대 영문과 교수(재임 중 신문방송 주간, 교무처장, 미국USC 객원교수, 교수협의회장, 문과대학장, 대학원장) 역임
월간 『시문학』을 통해 시인으로 문단 데뷔(1974-75)
2002 제17차 세계시인대회(태국·방콕) 외 10여 회 국제대회 한국대표
수상 : 한국현대시인상(2003), 국제계관시인상(2004, 미국UPLI) 외 다수
저서 : 개인시집 & 시선집 12권, 영역 & 영문시집 5권,
기념시집 & 산문집(공저, 편저 포함) 40여 권
현재 : 한국시문학문인회 고문(회장 역임), 한국현대시인협회 평의원(이사장 역임),
국제계관시인연합(UPLI) 한국회장, Poetry Korea 발행인,
3·8민주의거(국가기념일)기념사업회 회장, 국제PEN한국본부 이사장

어린이는 어른의 아버지

주말이면 아이들이 온다. 큰아들한테는 서현이와 준범이가 딸려있고 작은아들한테는 이은이가 딸려있다. 우리 내외는 할아버지 할머니가 된 지 10여 년이 지났어도 아이들이 오면 마냥 즐겁기만 하다. 아직 귀찮다는 생각을 한 적은 한 번도 없다. 먼저 손주 놈들 이야기 한 토막씩 옮겨 본다.

단골이 되어버린 낙지집으로 저녁을 먹으러 가는 길이었다. 집을 나와 네거리 건널목을 건너면 법원 앞 은행나무 가로수길을 걷게 된다. 서현이가 갑자기 이 길을 갈 수 없다는 것이었다. 무엇 때문일까? 물어보았다. 예쁜 은행잎이 노랗게 깔려있는데 이걸 어떻게 밟고 가냐는 것이었다. 감동이었다. 여지없이 서현이의 뜻을 받아 다른 길을 택해서 갔다. 서현이가 다섯 살쯤 되었을 때의 이야기이다.

다음은 준범이 이야기. 할머니와 놀이터도 다녀오고 집에서 숨바꼭질도 하고 돼지고기와 생선도 맛있게 먹고 이미 어둠이 왔을 때 대전에서 세종시로 돌아가는 중이었다. 창가에 앉아 달을 보며 준범이는, "아까부터 저 달이 우릴 자꾸만 따라온다"고 했다. 그러면서 "아빠 잠깐만 차 좀 세워 보세요, 할머니가 따라오는 것 같아요"라고 말했다. 며느리가 자랑스럽게 전해주는 이야기였다. 이놈도 다섯 살쯤 되었을 때인가 보다.

작년 여름 코로나 팬데믹이 한창이던 어느 날이었나 보다. 유모차를 타고 이은이가 왔다. 말도 못하고 걷지도 못하고 아직 첫돌도 지나지 않은 아이였으니 할아버지를 반겨 알아볼 리도 없다. 어쩌다가 운 좋게 그런 아이가 할아버지 무릎에 앉았다. 그리고는 할아버지 검지손가락 하나를 꼭 잡고 한참 동안 놓지 않는 것이었다. 그 순간이 진정 행복이었다.

오늘은 어린이날. 고마운 내 손주 놈들을 생각하며 그들에게서 감동으로 익힌 뜻을 달콤하게 상기해 본다. 나는 서현이에게서 아름다운 자연과 아름답고 순수한 마음을 다시 익혔고, 나는 준범이에게서 그리움과 사랑의 티 없는 정을 느꼈고, 나는 이은이에게서 혈육의 끈끈한 핏줄을 행복으로 감지했다.

그리고 30년간 대학 강단에서 만나던 영국의 낭만파 시인 워즈워드(William Wordsworth: 1770-1850)의 시구를 또 떠올렸다. "하늘에 걸린 무지개를 바라보면 내 마음 뛰누나"로 시작하는 세칭 「무지개」에 내오는 어린이는 어른의 아버지(The Child is father of the Man)란 명구이다. 그 의미를 다시 새겨 본다.

어린이는 자연, 순수, 아름다움, 거룩한 것, 영원한 것, 절대적인 것의 상징으로 어른들보다 우월한 존재임을 말해 주고 있는 것이다. 어린이의 무지갯빛 아름다운 마음이 자연의 경건함으로 이어지길 소망한 시인을 그리며 어린이를 받드는 어른의 어린이날을 기대해 본다. 그러면 오월도 한층 빛날 것이다.

한국 펜과 국민 팬

나는 지난 4월 1일부터 국제PEN한국본부 제36대 이사장으로 새 업무를 시작했다. 희망PEN, 한글문학 세계도약의 발판을 굳게 다진다는 의지를 힘껏 표방했다. 그런데 참 안타까운 의문들이 내 몸에 직접 달라붙어 때아닌 땀을 흘리기도 했다. 펜이냐 팬이냐, 펜이 무슨 단체냐, 펜클럽이 본명 아니냐, 연예계와 관련이 있는 것이냐, 국제적으로 노는 거냐, 월급도 많겠다, 회관은 어디 있느냐, 상대하는 사람 많으니 건강 조심해야겠다… 등등의 내용이었다.

펜클럽이 본명인 것은 맞다. 클럽은 취미, 오락, 운동경기, 정치, 종교, 교육활동, 연구활동 등 공통의 관심사나 목표를 가지고 정보를 나누면서 함께 즐기는 사람들의 모임이다. 우리의 동호회나 동아리, 일본식 음역의 구락부(俱樂部) 등이 같은 영역의 개념으로 일컬어진다. 그런데 나이트클럽, 골프클럽, 라이브클럽, 갤럭시클럽, 뮤직클럽, 청춘구락부 등등을 쉽게 연상하면서도 펜클럽은 쉽게 와닿지 않는 별다른 사람들의 모임이거나, 아니면 화려한 연예인클럽으로 연상하는지, 모를 일이었다.

PEN은 시인과 극작가(Poets, Playwrights), 수필가와 편집자(Essayists, Editors), 소설가(Novelists)의 머리글자를 딴 국제적인 문인단체이며 1921년 영국에서 창설되었다. 금년 100주년을 맞이하였으며 코로나 문제로 인해 내년에 스웨덴에서 기념행사를 거행할 계획이다. 현재 145개국 154개 센터가 활동하고 있으며 우리 한국본부에는 3,900여 명의 회원이 있다. 회원 자격은 등단 5년 이상이며 전공 장르 저서가 있어야 한다. 이사장은 부이사장 5명을 러닝메이트로 하여 입후보하고 전체 우편투표로 당선자를 결정한다. 임기는 4년 단임이다. 한국펜은 1954년도에 창설되어 2024년에 70주년을 맞이한다.

팬(Fan)은 열광적으로 좋아하는 사람이다. 좋아하는 사람이나 분야가 한정된 것은 아니지만 운동경기나 선수, 연극, 영화, 배우 또는 음악, 가수 등이 주된 대상이 되고 있다.

팬들이 모인 집단을 팬클럽(Fan club)이라 하는데 세이클럽, 북클럽, 피자클럽, 캠핑클럽, 쿠팡 팬클럽 등등 영역이 폭넓게 확대되고 있는 형세다.

유음이의어(類音異義語)인 ㅔ와 ㅐ의 모음에서 오는 비슷한 발음의 혼동과 클럽의 의미가 전하는 왜곡 현상 등을 고려하여 본래의 우리 펜클럽(PEN club)도 국제PEN한국본부(International PEN Korea Center)로 개명을 하게 된 것이다.

이제는 우리 한국 펜(PEN)이 더 열렬한 국민 팬(Fan)을 확보하겠다는 뜻을 밝히며 적극적인 관심과 성원을 촉구해본다. 한국 펜과 국민 팬은 '펜의 팬'이라는 가장 아름다운 소리로 어울리어 실질적인 가치창출을 할 수 있을 것이다.

부처님 오신 날에 야석을 그리다

야석(也石)은 박희선(朴喜宣: 1923-1998) 선생의 아호이다. 그는 독립운동가이며 시인이며 불교학자다. 일제강점기에 학도병으로 징집되어 중국에서 복무 중 탈출, 독립운동을 하다가 체포되어 마포형무소 수감 중 해방을 맞이했다.

돌과는 육친(肉親)이며 스스로 아호를 야석(也石: 또한 돌)이라 하였고 거의 평생을 길 위에서 산 기인(奇人)이기도 하다. 불교학에 전념하며 인생의 심층을 경작한 빛과 구원의 시인으로 다시 그 명성을 높이 받들 수 있을 것이다. 제1회 빛과 구원의 문학상(1998)을 받았고, 역시 제1회 호서문학상(1996)을 받았다. 평생 시집 10권(3권 편저), 소설집 2권, 불교에세이집 18권(공저 2권, 편저 2권) 등 30

권의 저서를 남겼다. 입적 후 3권의 추모문집이 발행되고 공주 갑사 입구에 시비가 세워졌으며 논산 양촌의 선산에 법사탑이 세워졌다.

그는 어렵게 가정을 꾸리고 한때 대학강단에서 시학강의에 열정을 바쳤지만, 60년대 초반 불문에 입문하여 바랑을 메고 고행의 길 위에서 길을 찾는 시인이 되고 스스로 부처가 된다.

범인이 생각하는 고통의 원인인 그 '애착'과 '집착'을 불교와 시에 돌려놓고 자기중심적 이기심과 탐욕의 종자를 말려버린 듯 그의 가슴은 광장처럼 넓어졌다.

사려분별, 대자대비, 깨달음의 정신영역을 경작하며 해탈의 삶을 얻는 행각인 듯 그는 외롭게 또 하나의 길을 찾고 있었다. 보이지 않는 것도 보고, 들리지 않는 소리도 들으며 따뜻한 마음, 크게 자비로운 마음, 만물을 사랑하는 마음을 베풀고 있었다는 생각을 잊지 않고 있었다. 그의 곁에는 많은 시인과 스님이 있었고, 목사도 있었고, 화가, 조각가도 있었다. 출판인, 언론인, 사업가 등 다방면의 사람들이 있었다.

> 대적광전(大寂光殿) / 오래 기두렸던 / 달이나 떠오를 양이면 /
> 체온이 스민 돌 하나를 남기고 / 멀리 떠나는 / 그윽한 새벽이거라.
>
> – 1958년 4월 25일「紙碑」

「지비」는 상해 독립군 무명전사들을 위로하는 위령비이다. 자신의 말씀대로 '환상적 위안'이며 '허망스런 심려'이다. '울음을 대신한 선혈(鮮血)의 맹세'이며 '아슴푸레한 회고 또는 뉘우침'이다. 지금은 시인의 일생을 담아낸 시비의 새김시로 각인되어 있다.

야석은 또한 통일 염원의 간절한 시심을 불타정신에 접맥했다. 자유의 세상, 평화의 삶을 갈망하며 전쟁과 공산주의를 배격하는 깨달음의 시심을 널리 보급했다. 괴질의 코로나 시국에서 심리적 거리 찾기보다 더 어려웠을 야석의 삶을 돌아보며 지금 또 그리움에 젖는다. 부처님 오신 날을 기리며 가난한 삶에서 부유한 정신을 찾고, 길 위에서 길을 찾은 부처 시인 야석의 극락왕생을 다시 빈다.

한국의 노벨문학상, 가능한가

노벨상은 다이너마이트를 발명한 스웨덴 노벨(Alfred Bernhard Nobel: 1833-1896)의 유언에 따라 인류의 문명발달과 복지를 위해 기여한 사람에게 주어지는 세계적인 대상이다. 노벨물리학상, 노벨화학상, 노벨생리학·의학상, 노벨문학상, 노벨평화상이 있고 1901년부터 시행되었다. 1969년부터 노벨경제학상이 추가되었고 상금은 각각 한화 10억 이상이다. 공신력 있는 세계적인 연관단체로부터 추천을 받아 스웨덴 한림원 등에서 심사를 하게 된다, 우리나라에선 2000년도에 김대중 대통령이 노벨평화상을 받은 바 있지만 다른 분야에선 120년간 실적이 전혀 없다. 노벨문학상도 마찬가지다. 말만 무성하고 실질적인 대응을 하지 못했다는 반성의 소리들이 솟아나고 있다. 우물 안 개구리 소리만 냈다, 비평보다도 불평, 불만, 자조적인 소리가 컸다. 번역의 부재라고 일갈해버리기도 했다 … 등등의 말씀을 거울삼아 노벨문학상 추천권을 행사하는 국제PEN한국본부 이사장으로서 '한국의 노벨문학상, 가능한가'에 대한 답을 구해본다.

우리 펜에서 노벨문학상 추천을 안 한 것은 아니다. 공개하지 않는 것을 규정하고 있기 때문에 그 규정을 준수했을 뿐이다. 그래도 어느 한편에선 너무 형식적이고 일방적이라는 의견에 귀를 기울여 생각을 다듬어 보기도 한다.

우리는 현존의 번역원을 활성화하기로 하고 국제교류진흥원, 한국펜아카데미, 노벨문학상추천심의위원회 등 부설기구를 확대했다. 번역, 국제교류, 교육&홍보활동을 겸해서 추진하며 노벨문학상추천심의위원회에서 추천자 심의를 한다는 취지다.

첫째 유수한 문학단체 및 유관기관(PEN포함)으로부터 작품 추천을 받는다. 둘째 전문 문인들로 구성된 심의위원회에서 복수로 추천작품을 결정한다. 셋째 추천작품을 5개국어 내외로 번역한다. 작가의 동의를 얻고 이런 과정을 거쳐 스웨덴 한림원에 공식 추천하겠다는 것이다. 더 구체적인 계획을 세우고 있지만 재력이 큰 문제이고 작품 발굴 또한 용이한 문제가 아니다.

국가지원을 기대하며 방법을 모색하면 "뜻이 있는 곳에 길이 있다"는 의지가 확충될 것이라 믿어본다. 뜻대로 풀린다고 해도 단기적 기대는 어려울 것이다. 비교개념으로 일본 이야기를 많이 하는데 1968년 『설국』으로 노벨문학상을 받은 가와바타야스나리는 작품 번역 시장에서 25년 정도 홍보를 했고 1994년 『개인적 체험』으로 받은 오에 겐자부로는 30년 정도 번역 작품 홍보를 했다. 노벨문학상을 받은 사람의 국가는 41개국이며, 22개국이 1명씩이고 19개국이 2명 이상이다. 미국 14명, 프랑스 13명, 영국 12명, 독일 8명, 스웨덴 6명, 이탈리아 6명, 스페인 5명 등 5명 이상의 국가도 7개국이나 된다.

장르별로는 시인 28명, 소설가 68명, 극작가 12명, 철학자 4명이 있고 정치가도 있고 역사가도 있고 싱어송라이터도 있다.

물론 노벨문학상이 문학의 척도는 아니다. 그렇다고 국가적 · 정치적 힘의 척도니, 로비활동의 산물이니, 못난 약자의 괴변 같은 소리를 질러 위안을 삼을 일은 더욱 아니다.

늦었다는 시점의 인식, 그것이 빠른 것이라 생각하며 그 가능성을 추적해 본다.

전쟁과 6월의 수식어

6월은 호국보훈의 달이다. 현충일이 있고 6·25전쟁일이 있고, 6.29제2연평해전일이 있다. 새삼 달력을 눈여겨 본다. 또한 의병의 날(1일)이 있고, 환경의 날(5일)이 있고, 구강보건의 날(9일)이 있고, 6·10민주항쟁기념일이 있다. 노인학대예방의 날(15일)이 있고, 전자정부의 날(24일)이 있고, 마약퇴치의 날(26일)이 있고, 철도의 날(28일)이 있다. 구슬픈 트롯 속에도 흘러나오는 보릿고개(오뉴월)도 있다. 지키고 보답하는 뜻으로 기억하고, 새롭게 새겨야 할 하나하나 6월의 수식어라고 말해본다.

그런데, 나에겐 혼자 간직하고 있는 또 하나의 6월의 수식어가 있다. 전쟁 때 깨닫고 익혀 실천한 거짓말, 그

'거짓말의 슬기'이다.

전쟁이 물밀듯이 밀려온 시절이다. 나는 국민학교(초등학교) 1학년이었다. 남의 집 사랑방이 학교였고 때로는 정자나무 밑으로, 때로는 냇가로 옮겨 다니면서 공부를 했다. 집에 오면 논밭에서 일을 거들고 산에 가서 나무도 해오곤 했다. 한가할 때면 마을 정자나무 밑으로 가서 할아버지한테 천자문을 배우곤 했다.

마을 앞에는 대둔산에서 발원한 갑천 상류가 흘러나가고 이 내(川)를 가로지르는 긴 철교가 놓여 있다. 바로 이 철교 옆에 큰 언덕이 있었는데 이 언덕 지하에 인민군이 주둔해 있었다. 네댓 명씩 인근 마을을 순찰하면서 젊은 어른들을 잡아가고 도망가면 총을 쏘고 죽이고 하는 일이 벌어졌다. 이들을 물리치기 위한 아군 폭탄도 투하했는데 엉뚱한 우리 논밭만 크게 피해를 입었다. 인민군들이 순찰할 때면 마을 어른들의 행방을 우리 꼬맹이들한테 물었다. 거짓말을 하지 않을 것이란 믿음 때문이었을 것이다. 그러나 우리는 할아버지한테 이미 교육을 받았다. 아버지가 숨어 있는 다락방이나 아저씨가 피신한 뒷산 동쪽을 그대로 알려주면 우리는 고아가 된다는 것을 일찍 깨달은 것이다. 모른다고 하면 발길로 채이니까 동쪽이면 서쪽인 것 같다, 서쪽이면 남쪽인 것 같다고 말해버리는 것이다. 지금 생각해 보면 할아버지는 정뱅이 마을 아군 작전사령관이셨고 우리들한테 생명줄과도 같은 위대한 거짓말을 교육하셨던 것이다.

생각해 보자. 거짓말은 속이고 꾸미고 장난치고…의 차원을 넘어 악덕과 죄악으로 이어져 믿음의 관계를 허무는 주범이다. 한 입에 두 혀를 가진 쟁이들이 넘쳐나는 오늘의 사회임을 개탄하는 사람들도 물론 많을 것이다.

그러나 거짓말은 때에 따라 방편이다.(A lie is sometimes expedient.)라는 영국 속담을 상기하며 전쟁 때의 6월의 수식어로 '거짓말의 슬기'를 올려본다. 생명을 구하기 위하여 쓰는 묘한 수단과 방법으로써의 깨달음은 거짓말을 참말처럼 할 수 있는 기술이 전혀 없던 시절의 영광이라 다시 상기해 본다.

보릿고개와 어머니표 비빔밥

아야 뛰지 마라 / 배 꺼질라 …

지금도 종종 가수 진성이 부른 「보릿고개」가 TV채널을 통해 흘러나온다. 주린 배, 물 한 바가지, 초근목피, 어머님 설움, 어머님 한숨이 현실처럼 가슴을 휘젓는다.

일곱 살 이빨 빠지는 나이 때 나는 전쟁을 겪어야 했다. 그해 6월에 절정을 넘어야 했던 우리들 가난의 슬픈 대명사 보릿고개는 진정 사라진 것인가, 더듬어 본다.

그리고 10년일까, 20년일까, 물러서지 않고 찾아오던 질곡의 보릿고개 그 시절을 이겨낸 어머니표 비빔밥을 다시 상기해 본다.

하루 세 끼 밥을 모두 챙겨 먹을 수 없는 가난한 때였다. 어머니는 자주 비빔밥을 고집하셨다. 어머니표 비빔밥이라 했다. 이 비빔밥에 동원되는 것은 적은 분량의 밥에 남새밭 상추나 열무김치, 자투리 야채, 산나물, 들나물, 봄나물, 취나물, 종합 푸성귀, 김치, 생채, 고추장, 투가리에서 끓는 된장, 때로는 양념간장 등 주로 손쉽게 얻을 수 있는 자연 식물성이 주종이 된다. 어머니는 때로 국수나 수제비에도 오이, 당근, 감자, 죽순 등 자연식품을 섞어서 비빔국수나 퓨전 수제비를 만들어 내시곤 했다.

어린 나이에도 어머니의 지혜를 조금씩 알아채긴 했지만 그렇다고 비빔밥이 보릿고개를 넘는 대책의 전부는 물론 아니었다.

어머니의 비빔밥은 섞고 비비는 선전용 한국적 요리미학도 아니었고, 맛있고 재미있는 한식 이야기를 대표하는 것도 아니었다. 쇠고기볶음, 육회, 튀각, 고명, 참기름을 넣고 고급 맛을 내는 부잣집 식단은 더욱 아니었다.

밥이 부족하고, 반찬도 마땅치 않을 때, 그러면서 기죽지 말라고 생기를 북돋을 때, 어머님은 큰 양푼에다 비빔밥을 만들었고 식구들이 함께 먹거나 나누어주시곤 했다. 많은 식구가 한데 어울려 자연과의 조화와 융합을 이루는 지혜가 비빔밥 속에서 우러나오는 것이었다.

지금도 나는 밥을 잘 비빈다. 술자리에서도 비비고 가족이 모인 자리에서도 잘 비빈다. 공기밥 두 그릇을 어머니표 비빔밥에 대입하여 비비면 다섯 명이 먹는다. 술자리에서는 비빔밥이 술안주로도 일급이다. 나는 입원 환자일 때도 비빔밥을 선호했고 설날에도 제사 후에도 생일날에도 밥을 비비곤 했다. 그 비빔밥 속에서 나는 가족, 건강, 사랑, 효도, 조화, 인내, 배려, 지혜 등등 맛깔나는 말들을 많이 찾을 수 있을까, 멍청하게 기대를 하며 지금도 어머니 마음을 살핀다.

가슴속에 살아 있는 어머니는 오늘의 나의 멘토로 삶을 안내하고 있지만 코로나 세상이 왜 그렇게 쓴맛인지 우울증을 씻어내는 일이 쉽지 않다. 어머니표 비빔밥을 주문하며 그 뜨거운 모정의 세월을 그려본다.

주마가편, 백신접종 총력전

나는 4월과 5월에 화이자 백신 1, 2차 접종을 끝냈다. 아내는 아스트라 백신 1차 접종, 종합병원에 근무하는 작은 며느리는 화이자 백신 1, 2차 접종을 끝냈다. 아직 혜택을 받지 못한 식구가 더 많다. 그런 가운데 가족, 친지, 선후배 지인들, 그리고 문인들, 주변의 많은 사람들이 속속 백신주사를 맞고 자랑스럽게 후일담을 전한다.

주사 부위 통증도 없고, 미열도 없고, 피로함도 없고, 두통도 없고, 근육통 관절통 등 아주 경미한 것 이외는 대부분 안전하다고 한다. 비싼 장어를 먹고, 시골 닭을 잡아먹고, 마시는 링거라 하는 글루콤을 복용하고, 타이레놀 타이레놀 노래를 부르기도 했다. 부작용에 대한 과대 정보도 물리치고 가짜뉴스도 판별하는 힘이 생겼고 죽음에 대한 공포도 저만큼 물러섰다. 죽을병에 걸리면 어쩔 수 없이 죽고 마는 그런 시대의 사람이 아니라는 당당함도 생겨났다.

멀리서 유배 온 것 같은 그런 기분이 사라졌다. 오랜 우울증도, 하루하루 불안감도 사라졌다. 전쟁터에서 살아 돌아온 느낌이다. 한 번에 끝나는 얀센 백신도 또 맞기 시작했다… 등등 백신을 맞은 사람들은 목소리도 힘이 솟고 얼굴빛도 달라지고 눈빛도 빛났다.

이제 부작용에 대한 걱정을 앞세우던 사람이나, 다른 사람 맞는 것 보고 맞겠다는 사람이나, 보다 안전한 백신이 나오면 맞겠다는 사람이나, 아들딸이 맞지 말라고 했다는 사람들도 대부분 맞는 쪽으로 방향을 돌린 듯하다. 고무적인 일이며 당연히 그렇게 해야 할 일이다. 그러나 지금 백신주사를 맞은 사람은 미흡한 일부이고 코로나 확진자는 줄어들지 않고 있다. 변종에 대한 위험이 또 뒤따르고 있다.

백신접종은 ① 집단접종을 필요로 하는 국가적인 큰 사업이며 ② 자신의 안전은 물론 타인과의 이질적 경계를 허무는 의학적 정신 영역의 영양소를 구하는 일이며 ③ 인류의 큰 재앙에 대응하는 너와 나의 선도적 과업인 것이다. 그럼에도 불구하고 백신접종은 지금 느긋한 안정상태가 아니라 더욱 서둘러야 하는 전쟁상태와 같은 것이다. 신청을 하지 않는 나이든 사람들보다 신청할 틈이 없는 젊은 사람들이 더 걱정을 하고 있다. 물량 확보가 그렇게 쉬운 일은 아니라지만 정부가 총력전을 펼쳐야 한다. 국민적 생사의 문제를 놓고 비열한 정치적 시비는 또 금해야 한다. 아울러 선거도, 전 국민 재난지원금도 백신접종보다 앞서는 문제로 부각되지 않기를 바라는 마음이다. 백신은 우스갯소리로 스님들이 신는 흰 고무신이 아니다. 백신(Vaccine)은 특정 질병에 대응하는 일등 국가의 면역성 의약품이다. 예방은 물론 치료의 효과도 기대되는 것으로 알려져 있다. 대책을 더 강구해야 한다. 인류 멸망의 원인으로까지 부각된 코로나의 위험, 그 위험을 해소할 백신에 대한 기대는 곧 국력으로 전환될 수 있을 것이다. 주마가편(走馬加鞭)으로 백신접종 총력전을 촉구해 본다.

외국어와 외래어

우리들이 사용하고 있는 언어는 끊임없이 생성되고 변하고 사라지고 유입되고 하면서 발전한다. 세월의 흐름과 함께 그 수효도 셀 수 없이 많아져서 70년, 80년 오래 살아도 그 뜻을 다 알지 못한다. 다 알기는커녕, 특히 유입되는 언어들이 분별없이 우리 생활 속에 파고들어 문전성시를 이루고 있으니 불안하다. 그래서 언어의 장벽은 더욱 높아지고 두터워지면서 소외감이나 우울증의 증세로까지 이어지는 경우도 적지 않다고 한다. 나라말씀은 혼혈의 늪으로 빠져있다고 진단하며 걱정하는 소리도 커지고 있다. 외국어나 외래어 사용에 신중함을 바치는 사명감을 한번쯤 돌이켜보는 오늘이기를 기대해 본다.

외국어(Foreign language)는 문자 그대로 다른 나라말이다. 땡큐, 굿바이, 해피뉴이어, 오케이, 댄스… 등과 같은 말이다. 또는 일간신문 지면 안내 머리글자로 보는 Culture, Life, Health, People&Story, Stock&Finance 같은 말들이다. 특히 신중해야 할 부분이다.

외래어(Loanword)는 외국으로부터 들어와 자국어에 동화되어 자국어처럼 사용되는 언어이다. 고유어와 함께 자국어의 어휘 체계를 형성하고 있으며 차용어(借用語)라고도 한다. 차용의 동기는 필요적 동기가 된다.

라디오, 버스, 택시, 텔레비전, 트럭, 리본, 바나나 등 영어 쪽에 성시를 이룬다. 그러나 재스민(페르시아어), 침팬지(아프리카어), 토마토(멕시코어), 가스, 글라스, 커피, 콤파스 등(네덜란드어), 아미타, 석가, 보살, 달마 등(인도어와 불교어), 피아노, 알토, 솔로, 소프라노, 테너 등(이탈리아어) 테마, 세미나, 노이로제, 피켈, 코펠 등(독일어) 다른 외래어의 자료도 많이 찾아볼 수 있다.

알면서 쓰고 모르면서 따라하는 일본말의 잔재들은 얼마나 많은가. 가께우동(가락국수), 마호병(보온병), 모찌(찹쌀떡), 시보리(물수건), 아나고(붕장어), 야끼만두(군만두), 오뎅(생선묵), 요지(이쑤시개) 등 여전히 강점기의 부끄러운 과거를 반추하고 있다.

극히 일부의 실례를 제시했지만, 외국어와 외래어의 영역은 광범위하다. 외래어 문제는 전제한 바와 같이 필요적 동기에 의한 것이어서 곱게 수용할 수밖에 없다. 외국어의 남발이 문제가 되고, 그래서 혼혈의 위험을 경계하지 않을 수 없는 것이다.

정보통신기술 용어들, 학문 분야의 전문용어들, 각종 스포츠 용어들, 수입식품, 의류, 수입물품 이름들은 대부분 외래어일 가능성이 크다. 신문, 방송. 잡지 등의 매체에서 쓰는 국어 밖의 말들은 외국어일 가능성도 적지 않다. 방방곡곡 거리에서 모습을 드러내는 각종 간판이나 표지판, 상표 등은 고유명이나 외국어일 가능성이 크다. 그런데 자신 있게 이 분야의 전문가임을 자처하는 사람들도 찾아보기 참 힘들다. 외국어와 외래어의 실상을 더 가깝게 파악하면서, 한편 국립국어원의 신세를 지면서 우리들의 언어가 뜻을 낳는 언어, 울림을 주는 언어, 바람같이 광야를 달리는 싱싱한 언어로 거듭나기를 기대해 본다.

3·8민주의거

3·8민주의거는 1960년 3월 8일부터 10일까지 자유당 독재정권의 부정과 부패, 불법적 인권유린에 대항하여 대전고등학교와 대전상업고등학교를 중심으로 한 대전지역 고등학생들이 민주와 자유, 정의를 위한 순수한 열정으로 불의에 항거한 민주화운동이다. 3·8민주의거는 충청권 최초의 학생운동이며 지역민주화운동의 표상으로 역사적 교훈과 가치가 큰 것이다.

대구의 2·28민주운동, 대전의 3·8민주의거, 마산의 3·15의거, 고려대의 4·18민주의거, 대학교수단의 4·25성명시위 등이 4·19혁명의 간선도로망을 형성하고 있다.

현재 2·28민주운동, 3·8민주의거, 3·15의거, 4·19혁명은 국가 기념일로 지정 공포되어 있으며 기념사업회를 조직 체계화하여 각종 민주화사업을 진행하고 있다. 3·8민주의거기념사업회는 국가(보훈처)가 주관하는 대통령(국무총리) 참석 기념식을 비롯해서 민주 발전을 주제로 하는 심포지엄, 고교생백일장, 민주시낭송회, 3·8푸른음악회, 사진전, 자료집 등 도서발간, 아카이브 작업 등 연간사업을 진행하고 있으며, 이러한 내용을 모두 담고 민주발전을 모색하는 내용의 원고를 실어 『3·8민주의거』 계간발행을 실천하고 있다.

그럼에도 불구하고 3·8민주의거는 '…모른다'는 병 때문에 오랫동안 고통 속에서 허덕였으며, 지금도 상대적 빈곤을 면치 못하고 있으면서 어렵게 기념관 건립의 시동을 걸었다. 그리고 홍보용 구호를 개발했다.

① 3·8은 대전 충청권 최초의 민주화운동이다.

① 3·8은 대전의 4·19이다.

① 3·8은 그렇다, 명불허전(名不虛傳)이다.

① 3·8은 민주화의 광땡이다.

① 3·8은 국가 기념일이다.

그래도 모른다고 하면 그것은 부끄러움일 수 있다. 오직 봉사하는 임원들이 지원체제로 이끌어가는 이 거룩한 민주화사업에 국민적 관심과 후원을 촉구해 본다.

이제는 계승 세대들이 열렬하게 이 업무를 이어받아야 한다. 참여 세대들은 이제 늙었다. 지금 80대를 코앞에 두고 있거나 이미 넘어선 사람들이다. 싱싱한 고등학생들로부터 남녀불문 젊은 피를 수혈해서 민주화의 우람한 나무로 가꾸어야 한다. 민주화사업은 언제나 현재진행형이며 끝없는 도전 정신을 필요로 한다. 더불어 가능한 행동이 따라야 한다. 입으로만 되지는 않는다(No action talking only). 특히 유의할 일이 또 있다. 권력의 단물에 빨대를 꽂은 민주화는 우리 세상에 없다고 하면 될 것이다. 오랫동안, 봉사직 회장을 맡고 있는 3·8민주의거 참여자로서의 넋두리가 아니라 최선의 발언임을 고백한다.

- 김용재의 원고는 『한국경제신문』이 기획한 2021년 5~6월(매주 수요일) 한경에세이 새 필진으로 초대받아 쓴 내용입니다.

김유조

건국대학교 명예교수(부총장 역임), 국제PEN한국본부 부이사장, 미국소설학회, 헤밍웨이 학회, 경맥 문학회, 서초문인협회 등 회장 역임, 현재 세계한인작가연합 공동대표, 계간 여행문화 주간, 국제문예 미래시학 문학의식 상임고문, 『문학마을』 소설, 『미주 시정신』 시, 『문학과 의식』 수필 및 평론 등단, 장편소설 『빈포 사람들』, 소설집 『오키나와 처녀』, 『세종대왕 밀릉』, 『촛불과 DNA』, 시집 『여행자의 잠언』, 『여든 즈음에』, 수필집 『열두 달 풍경』, 평론집 『우리시대의 성과 문학』, 『스타인벡, 환경론에 눈뜬 저널리스트』, 『헤밍웨이 평전』, 『미국문학사』, 『영문학 개관』, 『영미단편의 이해』, 『Ernest Hemingway 작품 연구』, 『A History of English Literature』, 『The Literature of the USA with a Brief Note』 등, 번역서 『헤밍웨이 미공개 단편선』 『클라라의 반지』 『무기여 잘 있거라』, 『누구를 위하여 종은 울리나』 등 다수,
학술진흥재단 우수도서상, 김태길 수필문학상, 헤밍웨이 문학상, 계간문예 상상탐구 소설대상, 문학마을 문학상, 서초문학 소설대상 등 수상

월든 숲을 찾아서

나무와 숲이 가히 생명의 은유인 시대에 우리는 살고 있다. 환경과 생태학 분야에서 숲이 차지하는 비중 못지않게 문학을 비롯 인문사회학에서도 숲의 주제는 오늘날 모든 장르를 압도하는가 싶다. 그렇다면 인간과 숲의 관계란 항상 이토록 밀접하고 친화적이었을까. 그런 것만은 아니었다. 저 북유럽에서 자연 속 최고의 신 '오딘'을 외치며 살던 바이킹들에게도 숲은 외경을 넘어 때로 적대적 존재였고 독일의 '검은 숲'을 배경으로 한 민담들에서도 숲을 공포와 위협으로 보는 분위기가 적지 않다.

미국의 식민지 시대나 건국 초기의 문학에서도 예컨대 나다니엘 호손의 작품 「영굿맨 브라운」 같은 데에서 보듯이 숲은 악령이 서식하는 곳으로 나온다. 젊고 낙관적인 청년 브라운은 어느 날 밤 숲속 여정을 나서는데 아내가 밀교적인 야간 행사에 참여하는 것을 발견한다. 놀랍게도 숲속에는 동네 유지들 및 심지어 교회의 목사님도 포함된 집단들이 여러 이교적인 행위를 한다. 이 젊은이는 놀라고 절망하여 여지까지의 풍요로웠던 인간성이 피폐화하고 마는데 '불온한 숲'이라는 작가의 심상이 잘 나타나 있다. 그의 장편 『주홍 글씨』에서도 숲은 밤과 함께 불륜의 배경으로 상징되기도 한다.

이토록 한때 적의와 위협적 대상이었던 숲이 이제는 우리의 생명력과 동의어가 되었다. 인간이 초래한 자연 파괴의 자업자득이 아닐 수 없다. 거대한 숲속에서 인간은 마치 공기와 물을 감사하지 않았듯이 문명화와 개발이라는 미명하에 그 존재를 학대하고 착취하여 마지않았다. 예를 들자면 대항해시대에는 대형선박으로 구성된 선단을 꾸리기 위하여 이탈리아의 베네치아와 제노바에서는 인근의 삼림을 남벌하게 되는데, 그 결과로는 숲의 황폐에 이은 국력의 쇠퇴를 가져온다. 이 시대의 포르투갈은 세계로 뻗어 나아가며 그 앞 대서양상에 숲이 울창한 마데이라 섬을 차지한다. 그들은 조선과 사탕수수 제조를 위하여 울창한 숲을 남벌하다가 결국은 섬 전체를 황폐화 시키고 만다. 이들이 신대륙에 도달하자 가장 우러러본 대상은 다른 무엇보다도 숲과 나무였다고 한다. 숲의 가치에 대한 깨달음의 단적인 예라고 하겠다.

영국 작가 D.H. 로렌스의 『채털리 부인의 사랑』에서도 숲은 탄광 개발의 갱목으로 벌채되고 파낸 석탄의 야적 때문에 또한 황폐화되는데 이런 모습은 채털리 부부 사이의 불모성으로도 상징된다. 채털리 부인이 생명력을 되찾는 곳은 결국 숲속에서였다. 생태학에서 자주 인용되는 '이스터 섬'의 경우에도 원시 종교적인 이유로 거대 석상을 세우느라 삼림은 황폐화 되고 결국은 사람의 목숨도 절멸의 과정을 겪게 되는, 인간의 생명이 나무와 숲에 달려있다는 뚜렷한 예시가 된다.

개인사이지만 젊은 시절 미 동부에 머물면서 월든 호수(Walden Pond)를 찾은 적이 있다. 식민지 시절부터 시작한 미국 문학의 원류를 캐기 위한 나름의 문학 기행이었기에 에머슨과 소로를 중심으로 한 초월주의 문학의 고향 보스턴 인근을 찾아 헤매는 여정이었다. 초월주의란 이 우주 만물을 관통하는 대령(Oversoul)이 존재하여서 삼라만상을 제어한다는, 어떻게 보면 정통 기독교 유일신 사상과는 다소 결이 다른 사유의 패턴이었다. 이 세상의 땅과 하늘과 숲과 호수와 사람은 모두 하나의 영적인 존재와 초월적으로 연결이 되어 서로 동등한 위상에서 조화를 이룬다는 사유의 연장선이라서 미국 독립초기의 자신감이 가져온 인본적 자아확립 사상이기도 하였다.

이러한 사상의 중심인물에는 에머슨이 있었고 그의 동지이자 제자뻘이 되는 소로, 그리고 『주홍 글씨』의 나다니엘 호손, 『백경』의 작가 허먼 멜빌, 『풀잎의 노래』의 월터 휘트먼이 매사추세츠 보스턴 인근의 콩코드를 중심으로 활동을 했으므로 이런 작가들의 생가와 작품 배경들을 모두 찾아야 하는 당시의 내 일정은 자못 타이트하였다. 더욱이 콩코드를 찾는다는 것이 뉴햄프셔주의 주도인 콩코드로 방향을 잘못 잡아 시간을 탕진하는 바람에 처음부터 계획은 꼬여서 달려갈 길은 매우 촉박한 사정이 되었다. 지금 같으면 GPS가 해결했겠지만 당시에는 꿈에도 생각지 못하던 시절이라 조수석의 동행이 트리플A 여행 지도를 보며 알려주는 데로 달리다 보니 주도인 콩코드가 지도상에 크게 표시되는 바람에 오독을 한 해프닝이었다.

아무튼 아무리 바빠도 우리는 『월든 숲속에서의 생활』을 쓴 소로의 족적을 놓칠 수는 없었고 그 배경이 되는 월든 호수(Walden Pond)는 일차 목표이자 필수 코스였다. '시민불복종 운동'을 벌이며 같은 이름의 저술을 하고 세금을 납부하지 않은 소로는 월든 숲속으로 들어가서 작은 오두막을 스스로 짓고 2년 2개월 2일을 실제로 가장 소박하고 단순하게 생활을 하며 지냈다. 그가 쓴 『월든 숲속에서의 생활』에는 집을 지을 때 들어간 지출

내역은 물론 기초 생활비와 값싼 생활용구, 허름한 의류 구입비용까지 모두 기록이 되어있다. 그가 주장한 사유와 생활철학의 근본은 인간이 결코 자연법칙에 어긋나는 과분한 생활과 사상을 향유해서는 되지 않고 그러자면 자연을 훼손하지 말며 자연현상에 역행하지 않게 살아야 한다는 것이었다. 지금으로 보면 생태주의와 환경론적 원리를 삶의 기본으로 삼은 것이었다. 그의 사상의 근본에는 놀랍게도 미국 문명이 자행하고 있는 자연훼손에 대한 강한 반감과 분노가 벌써 표출되고 있는 것이었다. 대륙횡단 철도의 건설이 문명의 기본이 아니라 숲과 자연을 파괴하는 범죄로 여기는 발상은 당시 내가 보기에는 모든 것이 부러운 미국적 현상에서 어떻게 나올 수 있는 사상인지 의아할 지경이었다.

어쨌든 지도에서 방향을 다시 바로잡아 달려간 '월든 호수'는 연못(pond)이라는 직역의 영향을 받았던 상상과는 달리 매우 넓어서 그때 우리가 만들어 자랑하던 강원도 춘천호와 규모나 인상이 비슷하였다. 여기에서 비슷한 인상이라는 것은 바로 숲을 보며 느낀 감상이었다. 당시 우리나라는 국책으로 삼은 식목과 치산치수가 어느 정도 효과를 나타내던 시절이라 젊은 나무들이 산을 뒤덮기 시작하여서 월든 호수변의 나무들이 그리 놀랍지는 않았다는 말이다. 물론 가까이에서 본 숲의 수령은 우리와 비교할 수 없을 정도였지만 벌거숭이산을 어릴 때부터 보고 식목행사에 부지런히 동원된 기억의 세대로서는 강원도 야산의 젊은 숲만으로도 미국의 오래된 숲 경치를 정서적으로 감당해 낼 수는 있었으니 기분은 가벼웠다.

바쁜 마음으로 우리는 주차를 하고 호반에서 모터보트를 타며 놀고 있는 젊은이들에게 '헨리 데이비드 소로'와 그의 오두막집을 물어보니 세상에도 그런 건 들어보지도 못하였다는 것이 아닌가. 놀람과 실망은 컸는데 나중에 알고 보니 월든 호수가 당시만 해도 널리 유원지로만 알려져 있었던 모양이다. 20세기 후반이 되어서야 사람들이 소로의 오두막집과 그의 사상을 세상에 현양하고 주춧돌만 남은 오두막집을 고증, 복제하여 이번에는 조금 찾기가 쉽지 않게 그 옆 숲속에 세웠다. 소로의 사상을 그나마 존중했달까. 복원이 된 다음에는 해마다 관광객이 50만 명에 이르러서 지금은 주차장에 차가 들어차면 입장을 금한다고 한다.

에머슨도 그의 『자연론』에서 '사람은 숲속에 들어가면 청춘을 되찾는다'고 하며 숲을 예찬하였다. 에머슨과 소로의 낭만적 초월주의가 미국에서 꽃 필 무렵은 유럽에서도 낭만주의가 개화하던 시절이었다. 모두 산업혁명 이후의 급격한 산업화에 따른 자연파괴 우려가 사상의 대전환을 일으킨 현상이라고 할 수 있을 것이다. 영국의 대표적 낭만주의 시인 워즈워드가 호반지역(Lake District)에서 우거하면서 자연과 숲을 예찬한 수많은 만고의 시를 써낸 사실은 다시 말할 나위가 없다.

앞에서 인간이, 혹은 문학이 숲에 대하여 생명의 동의어로 친화적이 된 데에는 자연을 황폐화한 업보라고 말하였는데 물론 그런 결과만은 아닐 것이다. 사실 숲을 공포와 외경으로 보던 시절에도 인간은 숲을 희망과 꿈의 터전으로 여기고 문학에 반영한 기록들도 많다. 중세 아서왕의 로맨스 작품에 나오는 『가웨인과 녹색의 기사』의 아름다운 이야기 배경은 숲이다. 『로빈 후드 이야기』도 행복한 셔우드 숲이다. 초서의 『캔터베리 이야기』에서 서시의 배경들 역시 숲과 나무에 연관한다.

그러나 문학작품에서 인간이 숲과 벗하며 사는 행복한 삶의 이야기가 아니라 절체절명의 화두로 숲이 등장한 것은 역시 산업혁명 이후의 사정이 아닌가 싶다. 대항해시대의 결과물인 신대륙에서의 문학은 초기부터 그런 관계에서 형성된 기색이 역력하다. 에머슨과 소로뿐만 아니라 로버트 프로스트가 삶의 진정한 의미를 사유하고 깨닫는 곳은 북동부의 숲에서 「가지 않은 길」을 노래하며 시작하였고 쿠퍼의 소설 『개척자들』에서 주인공 내티 범포는 물질주의와 문명보다는 원시적 자연과 더불어 살기를 원하는데 개척지에서의 그런 환경이 숲의 훼손과 파괴로 종언을 고하자 다시 서부로 떠나가고야 만다.

이제 월든 숲과 호수를 찾아가던 내 발걸음은 콩코드에 밤늦게 도달하여서 에머슨의 생가는 들어가 보지도 못하고 이튿날에야 '시립 콩코드 박물관'에서 그의 생활 모습을 접하게 된다. 알고 보니 에머슨의 생가에는 모조품이 있고 박물관에 진짜 그의 집필도구, 파이프, 출판물 등등이 있어서 마음은 편했다. 이윽고 우리는 호손의 작품 『주홍 글씨』와 『일곱 박공의 집』 등의 배경이 되는 세일럼으로 달려갔는데 소설의 무대가 되던 시대와는 많이 달라져서 호손의 작품에 언급되고 그가 근무도 했던 바다 옆 세관은 인간이 훼손한 삼림 때문에 토사가 바다를 메워 이제는 해변에서 멀리 안쪽으로 들어와 뭍이 된 현장도 목격할 수 있었다.

돌아오는 길에 들른 지인의 집에서는 오래된 나무의 처치에 골치를 앓고 있는 모습을 본 기억이 난다. 큰 나무 하나를 베어 내려면 허가를 받아 작업을 해야 하는데 그때 돈으로 3000불가량 든다고 하였다. 그냥 두면 지붕을 다치거나 전깃줄을 끊게 된다는 것이다. 요즘 우리나라도 국제적 탄소 중립 규약을 지키기 위하여 오래전 급하게 조림했던 나무들을 수종 개량으로 베어내고 새로 식목을 한다는 소식이다. 이제 심는 데에서 가꾸고 개량하는 시대에 들어선 모양 같다. 송충이 잡던 시절이 그립다.

바이칼 한랭기단을 녹이고 찾아온 새해, 새봄

3년여에 걸친 역병의 햇수를 딛고 새해가 밝았으며 새봄이 찾아왔다. 이집트 태양력과 초기 로마력으로는 일 년을 십진법에 따라 열 달로 나누었고 새해의 첫 달 Martius(March)는 원래 지금의 봄 계절, 3월에 있었다. 인류의 진정한 문명사가 농경시대로부터 시작되었다고 할 때에 만물이 소생하는 봄철을 한 해의 시초로 맞추어 놓은 것은 어쩌면 당연한 발상이 아니었던가 싶다. 다만 일 년 365일을 열 달로 나누다 보니 천문적 오차가 심하게 누적되어 로마 황제 율리우스 카이사르가 열두 달로 다시 새롭게 배분하는 바람에 1월과 2월이 그 앞에 놓이게 되었다.

아무튼 새해가 되고 새봄이 찾아왔다. 국민관광시대를 구가하며 나를 포함하여 여행 마니아를 자처하던 사람들에게는 지난 3년이 모두 혹독한 겨울처럼 지나갔다. 이제 새봄이 찾아오고 아직 중국 변수가 남아 있긴 하지만 대체로는 포스트 코로나의 새날이 도래한 듯한 이제야말로 진정한 여행의 배낭끈을 조여 맬 수 있지 않겠는가 기대를 모아본다.

지난 연말에는 해넘이와 해맞이를 하러 동해안 울진을 찾아갔다. 해넘이로는 그곳 '은어다리'를 배경으로 장엄하게 넘어가는 묵은해를 배웅하였고 신년 아침에는 망양정에서 휘황하게 불타오르며 불끈 솟는 새 해를 맞이하였다. 사람에 따라서는 묵은 해와 새 해의 광망이 똑같지 무슨 따로 있느냐고도 하지만 굳이 헤라클레이토스의 '만물은 유전한다(萬物流轉)'라는 철학적 명제나 '제행무상(諸行無常)'의 종교적 화두를 들먹일 것도 없이 만상은 항상 새롭게 변하고 그렇게 새롬을 인식하는 주체는 바로 적극적인 인간만이 갖는 특성이 아닌가 하고 생각하게 된다.

동해의 일출을 바라보면서는 저 멀리 중앙아시아의 바이칼호를 떠올렸다. 예전 추위가 막심하던 시절, 우리나라의 겨울과 초봄의 일기예보에는 으레 '바이칼호 한랭기단'이라는 말이 등장했다. 그곳은 추운 지방의 대명사 같았고 우리나라 겨울의 주범으로 환유되기도 했다. 그런데 그곳에서 우리 민족의 일단이 시원하여 한반도까지 다다랐다는 설이 있다. 이런 주장은 처음 최남선이 제기하여 이광수가 이어받고 소설 『유정』의 배경이 되는 인연도 갖는다. 바이칼호의 알혼섬 원주민인 브랴트족은 '선녀와 나무꾼' 전설도 우리와 공유하고 있다. 또한 그곳의 자작나무 잎새는 우리나라 삼국시대 금관을 장식하는 황금조각과도 상통하는 바가 있다.

하여간 우리 옛 선조의 일파는 해 뜨는 마을, 따뜻한 땅을 찾아서 오랜 동진을 한 후에 마침내 한반도 남쪽 지역으로 내려와서 동해바다에 다다르고 나라를 세웠으리라는 추정은 여러모로 타당성을 갖는다. 지난 연말과 연시에 울진을 찾은 개인적 속내에는 그런 역사적 추적 의식 같은 것도 은근히 내재해 있었음을 감출 수가 없다. 선조의 발원지라는 바이칼호를 여러 해 전에 찾았을 때에도 바이칼 한랭기단이라는 소리를 떠올렸던 기억이 새롭다. 내 핏속에 '바이칼에서 동해까지'라는 DNA가 은근히 흐르고 있으리라는 가정을 해보니 추운 그곳에서도 공연히 몸이 뜨거워지는 느낌이 없지 않았다.

우리의 선조들도 고난의 긴 여정을 겪어낸 끝에 해가 뜨는 바닷가에 닿아서 얼마나 뜨거운 감격과 안도를 느꼈을까 하고 생각해 보면 여행 마니아가 아니어도 흥분하게 된다. 해 뜨는 바닷가에 이르는 계절이 겨울이었을지라도 또한 날씨가 아무리 추웠

을지라도 일출을 보면서 그들은 추위를 잊었을 것이다. 아니 한랭기단 자체가 이곳까지 오면서 마침내 따뜻하게 바뀌는 자연의 순리도 있지 않은가. 물론 바이칼 한랭기단이 그렇게 호락호락하지는 않다. 완전히 물러갈 때까지는 아직 꽃샘추위로 마지막 존재감을 표현한 후에야 새봄에게 자리를 내어줄 것이다. 그러나 우리의 끈기는 새봄의 상징이자 은유인 꽃과 잎을 피워낼 것이고 그러면 저 오래 축적된 이동의 심상, 여행의 은유인 배낭의 끈도 다시 조여 매며 새봄을 맞을 것이다.

디카 기행 수필론

'신유목민 시대'라는 말도 이제는 낯설지 않은 시대에 우리는 살고 있다. 이 말은 원래 4차 산업의 혁신적 발전에 따른 정보 통신의 확장 공간에서 인류사를 해석하자는 데에 주로 쓰이고 있지만, 유목에서 농경생활을 거쳐 오늘날 다시 '여행'이라고 하는 보편적 이동을 누리는 현대인의 생태를 지칭하는 측면도 적지 않다.

거의 반세기 전 저명한 미디어학자 마셜 맥루언이 "미래의 사람들은 매우 빠르게 이동하면서 전자제품을 사용하는 유목민이 될 것이다. 세계 각국을 돌아다니지만 어디에도 집은 없을 것"이라고 예언한 말에는 다소 과격함이 들어 있었지만 이미 지금 우리는 그와 유사한 생활

패턴을 영위하고 있는 것도 사실이다.

사실 '신유목민'이라는 말은 프랑스의 대표적 지성, 자크 아탈리가 명명한 것으로 그는 주로 인간의 역사에서 메가트랜드를 발견해내고 이를 이용해서 미래를 내다보려고 애를 쓰고 있다. 이 과정에서 특히 그는 미래 문명의 경향을 특징짓기 위하여 '신유목민'이란 개념을 만들어 냈다. 그가 언급한 신유목민은 그러니까 디지털을 바탕으로 한 정보 통신 혁명의 시대에서 붙박이 시대를 탈피한 현대인들의 문화현상이 앞으로 어떻게 전개될 것인가에 대한 예리한 미래예측의 키워드이었다.

전제가 조금 길어진 이유는 이러한 인류사의 문화 트렌드 속에서 문학, 특히 '기행 수필문학'의 현주소는 어떠하며 또 그 존재 양식은 어떤 식으로 발전해 나아가야 할 것인가를 짚어보기 위함이었다. 이른바 '디지털 노마드 시대'의 지배적 문화행태는 많은 것을 버리고 휴대하지 않는 것이기에 문학도 사이버문학의 형태가 주류를 이루며 이는 우선 역사, 사회, 인류의 중대 문제 등 거대담론을 다루기에 적합하지 않게 되었다. 경쾌한 주제를 짤막하게 다뤄야 한다는 점에서 사이버문학은 가장 사적(私的)인 문학을 탐색하게 된다. 사적 문학의 존재 양식은 휴대폰이나 디지털카메라를 이용하여 영상을 곧장 담아내어 거기에 자신의 감상이나 주장을 달아내는 새로운 사적 수필문학의 세계라고 할 수 있다. 그리고 이때 진행형으로 찍혀 나오는 파노라마 같은 영상들은 대체로 기행문학적 특성을 띠지 않을 수 없는 개연성을 갖고 있다 하겠다.

이런 변화는 바로 문학에서 장르의 해체를 가속화시켜 '모든 문학의 수필화' 현상을 보여주고 있다. 요즘 소설의 상당 부분이 사소설이고, 시는 장르의 특성상 이미 사적인 감성 표현이 주류를 이루고 있어서 굳이 말한다면 소설과 시의 수필화란 경향성을 볼 수 있다. 이렇게 격변하는 문화, 문학 환경 속에서 수필문학의 전통적 고유성을 지켜 나가고 있는 수필문학도라면 일면 희망적 미래상과 아울러 또 다른 혼돈상을 함께 겪지 않을 수 없는 생태계가 눈앞에 전개된 셈이다.

따지고 보면 디지털 유형의 수필세계가 우리에게 아주 낯선 세계인 것만은 아니다. 예컨대 우리 전통가옥의 필수품이었던 팔폭 혹은 열 폭짜리 병풍들은 거기 배경이 되는 풍경과 아울러 풍류의 시가가 함께하여 우리에게는 그 형식이 문화 매체로서 이미 익숙하지 않았던가. '영상 혹은 풍경이 있는 기행수필 형식'이 디지털 시대의 독창물은 아니라는 반론이기도하다.

조선시대 개화기에는 서양의 여행자들이 이 땅에 들어오면서 수많은 풍물을 사진으로 찍어서 짧거나 혹은 긴 기행문을 붙여 본국의 정기간행물에 싣고 있었는데 그 후 그 잊힌 기록들이 최근 우리에게 다수 재발견되어 선을 보이면서 이 또한 영상이 있는 기행수필의 맥을 우리에게 친근하게 전수해 주고 있다 할 것이다.

여기서 여행문학의 근세사를 잠시 돌이켜보면 여행문학 혹은 기행수필은 유럽 식민주의 팽창 시기에 발달하기 시작한 한 장르라고 볼 수가 있다. 즉 여행문학은 유럽인이 타자인 비유럽인을 식민화하는 과정에서 우월적 위상을 정립했던 제국주의 담론과 밀접한 관련이 있다. 에드워드 사이드는 『오리엔탈리즘』에서 여행문학에 스며있는 식민주의와 제국주의를 비판하였다.

시대가 바뀌어 21세기의 문학을 논하는 오늘날은 여행문학에 대한 새로운 접근법이 요청되고 있다. 기존의 여행문학이 자아/타자, 지배/피지배, 서구/비서구의 (탈)식민주의 담론의 틀 안에서 비판되었다면, 요즈음 등장하는 여행문학의 경향은 잡종적 정체성, 노마드, 디아스포라, 통 문화, 세계 시민주의 등의 키워드를 통섭하고 있다.

기행수필의 경우에도 이런 정황은 마찬가지일 것이다. 국민관광시대가 전개되었다고 할 정도로 신유목민의 족적은 분주하고 다양하다. 수필문학의 미래에 대한 긍정과 디지털 현실에 따른 당혹의 이중적 토양에서 기행수필은 그 영역을 어떻게 지키고 또 혁신할 것인가. 그 당위성과 당면 과제를 살피는 것이 오늘의 지속적 주제이다.

개인적으로는 여행 문예지의 발간을 맡고 있는 입장에서도 이러한 현실 파악의 문제는 참으로 절실하다. 이제, 아니 벌써부터 잡지는 읽는 대상이 아니라 보는 대상이라는 말이 공공연하다. 일부 홈 매거진과 여행 문화 잡지가 특히 그러한 트렌드에 민감할 수밖에 없다. 이에 따라 위에서 언급한 바처럼 기행수필 주제에서의 큰 변화의 물결과 함께 형식에서의 일대 혁신을 꾀하지 않을 수 없는 것이 우리 시대이다. 영상문화가 주류를 이루고 있는 이 시대에는 '디카(디지털 카메라)'라는 마법의 작은 상자가 세상의 다변하는 정경은 물론 아예 우리의 사유 자체를 채취하고 기록해내는 세상이 되었다. 이 신기원의 시대에 우리의 기행수필 문학은 어떻게 대처해 나아가야 할 것인가.

이 과정에서 우리는 '디카시'라는 문학의 새로운 장르를 먼저 떠올려보게 된다. 디카시 분야는 이미 정통 문예 잡지에서도 광범위하게 다루고 많은 시인들이 이쪽으로 시선을 돌려서 디카시 특집은 물론 전문잡지까지도 나오고 있다. 특기할 바로는 디카시가 우리나라에서 최초로 발생하여 국제적으로도 'dicapoem' '迪卡诗' 등으로 명칭부터 공인을 받고 있다는 사실이다.

디카시의 장점은 순간적인 느낌의 포착이다. 어떤 장면에 대한 서정을 시로 나타낼 때 감정의 흐름은 시간의 흐름에 따라 변용이 된다. 그러나 디지털 이미지는 순간의 감정에 충실하기에 오래 유효하고 적절하고 지속적이어서 도입이 필수적이다. 더욱이 영상 이미지에 함몰된 미래 세대에게 어필하는 시세계의 향방을 잡기 위해서도 디카시의 시도는 필연이다.

그렇다면 이러한 디카시의 장점과 그 환경을 수필에 접목시켜 보자는 시도는 어떠한가. 물론 이전부터 한두 장의 사진에 산문을 서술하는 고식적 방식은 존재하였다. 그러나 이런 형식을 이른바 '디카 수필'이라고 하기는 섣부르다. 여러 장의 사진을 배열하고 그 이미지를 앞세워서 생각의 단락을 이어가는 것이어야 새로운 시대가 요구하는 문학 장르로서의 정체성을 확보할 수 있을 것이다. 수필이 한 단락만으로 이루어지지 않는 것처럼 디카 수필도 그런 원칙을 접목하면 보다 더 설득력 있는 수필문학이 생성되고 성숙될 수 있지 않겠는가. 더하여 디카의 파노라마적인 특성이 전제되기에 디카수필은 기행수필과 가장 잘 어울리는 형식이 되지 않을까 싶은 것이다.

디카 수필이라는 장르를 정식으로 구현하여 발표된 지면은 일직이 계간 『문학의 봄』(2008년 가을호)에서 본다. 이후 이러한 패턴은 현재 여러 문예지에서 실험정신 가득한 수필가들이 꾸준히 발표의 장을 늘리고 있다. 필자가 편집을 맡고 있는 여행문예지에서도 이런 기행 수필 형식이 그 영역을 넓혀 나가고 있음은 물론이다.

정목일은 “디카 수필은 즉시성, 현장성, 기록성을 바탕으로 하는 수필 쓰기이다. 하나의 사물이나 사건, 풍경은 오랫동안 가슴에 담아 우려내는 것이 좋을 수도 있지만, 순간의 진실과 감동은 시간이 지날수록 퇴색되고 굴절되기 때문에 즉시성과 현장성을 부각시키는 디카 수필에서 순수성을 여과 없이 살릴 수 있다. 수필 장르에 속하는 일기문, 기행문, 감상문의 경우는 즉시성과 현장성을 살리는 게 효과적이기에 디카 수필의 활용도가 많으리라고 본다.”라고 했다. 디카 수필은 특히 기행수필에서 앞으로 많은 가능성이 열려있고 또한 시도 되어야 할 주제가 아닌가 싶다는 그의 견해는 큰 울림으로 다가온다. 다시 말하거니와 이 시대는 이미지가 풍부하게 곁들이지 않는 기행수필은 그만큼 가독성이 낮다.

일찍이 서구에서도 pictorial essay, photographic essay, 혹은 줄여서 포토에세이라고 하는 수필 분야가 존재하지 않았던 바는 아니다. 사실 근본적으로 더욱 거슬러 올라가자면 인류문화 형태의 기록상 최초의 본보기들, 예컨대 1만 8천 년 전의 알타미라 동굴이나 그 후대의 라스코 동굴화, 우리나라 울산의 반구대 암각화도 모두 서사를 이미지로 재현해내려고 한 인류의 염원이 아니었겠는가 말이다. 그러므로 회화와 영상 기술의 발전이 서사

기록문학과의 접목은 필연이라고도 할 수 있을 것이다.

그렇다면 사진예술과 기행문학수필의 접목에 따르는 문학적 에스프리는 어떻게 기존의 기행수필문학과 변별성을 갖게 될 것인가, 앞에서도 예를 들었듯이 지금까지도 기행수필에는 사진이나 회화, 펜화 등이 곁들여지는 경우가 흔했다. 그러나 적어도 '디카 기행수필'이라고 한다면 한두 장의 사진과 서술문이 병행하는 전통적인 방법과는 변별되어야 하지 않겠는가.

그리고 모두 그렇다는 것은 아니지만 지금까지의 기행 사진들을 보면 대체로 미리 정해진 포토 포인트에서 같은 화각으로 찍어내다시피 한 키치 사진들이 태반이었다고 할 것이다. 여행은 나만의 것이었는데 사진은 판박이 대량생산인 경우가 많았더라는 말은 흔히 듣는 자성이다. 그러므로 진정한 디카 수필이라고 하면 이런 키치 사진으로부터 전복적인 시각을 구축해야만 할 것이다. 아도르노는 삶을 기만하는 대중문화를 경계했다. '세계의 획일화와 사유의 동일화에 저항하는 것, 그것이 예술이다, 예술가들은 다른 삶을 산다, 사회의 룰보다는 자신만의 진실을 따라야 한다'는 것이 그의 지론이었다. 그러므로 진정한 '디카 기행수필가', '영상이 있는 기행수필가'라면 지금까지의 수많은 키치의 산더미와는 달리 진정한 자신만의 앵글을 갖고 현상과 자연을 재해석하여 기록하고 그 영상에 관한 서술문을 구사하여야 할 것이다.

우리가 '풍경이 있는 기행수필'을 지향한 일차적인 동인은 4차 산업사회가 가져온 새로운 미디어의 환경 때문에 촉발되었다고도 할 수 있다. 이른바 하이퍼텍스트 문학 환경, 새로운 기술과 환경과의 문학 접목에서 유발되었다는 일차적 상황이지만 이제는 그 속에서 획일화의 타파와 키치로부터의 탈피를 구현하는 당위성을 추구하자는 이야기이다.

프란스키는 『같은 곳에서 다른 사진』에서 "인간은 저마다 고유시간에 둘러싸여, 다른 누구와도 이 고유 시간을 공유하지 않는다. 다만 같은 순간에 같은 방향으로 동일한 속도로 똑같이 무거운 질량 곁을 운동하며 지나가는 것하고만 인간은 동시성을 갖는다"라고 하며, "결국 인간은 자신의 시간적 모나드(단자)인 노마드(유목인)이다"라고 표현하였는데 진정 이 시대의 '영상이 있는 기행수필가'라면 가슴에 새겨볼 경구가 아닌가 한다.

역병의 시대와 문학

'팬데믹' 사태도 변곡점에 이르렀다면 입바른 소리로 들릴지 모르겠다. 하지만 심신이 지쳐서 신기루를 붙잡는 시늉은 아니고 여러 지표와 지수들이 저만큼 희망 탄력성을 제시하는 것도 사실이다. 더욱이 인류사에서 팬데믹의 종식이 주로 환자의 대량 절멸에 따른 숙주의 소멸 현상 덕분이었다면, 지금은 인간이 면역체계를 초고속으로 만들어서 이룩한 승전보이기에 기대감은 더욱 높다고 할 것이다.

기록에 따르면 기원전 430년 아테네에 창궐한 장티푸스는 인구의 1/4을 절멸시켰고 서기 250년에서 270년 사이 로마에서 유행한 천연두는 제국의 존립을 가르는 역병이었다. 저 끔찍한 유럽대륙의 흑사병은 당시 인구의 1/3을 감소시킨 바도 있다.

역병과 여러 자연재해에 맞닥뜨리면서 인간의 응전은 주술과 종교에서 출발하여 의료와 과학 기술상의 끝없는 발전으로 이어오며 인류의 문명사에 주요 자산이 되어왔다. 그렇다면 역병의 시대를 견뎌오며 문화, 특히 문학의 세계에서 인간의 사유와 해석은 어떻게 영글었을까. 두말할 필요도 없이 그 기록은 유구하고 치열하였다.

우선 소포클레스의 『오이디푸스 왕』(기원전 429년 초연)의 비극은 그가 다스리는 테베에 역병이 돌면서 그 원인을 캐기 시작하는 데에서 시작한다. 이 작품은 배경뿐만 아니라 쓰인 시대도 역병의 시대이다.

'역병의 문학사'를 들추자면 흑사병이 맹위를 떨치던 이탈리아를 배경으로 한 조반니 보카치오의 『데카메론』(1351)을 빼놓을 수가 없다. 창궐한 흑사병을 피해 숨어든 7명의 여자와 3명의 남자가 각자 10가지 이야기를 돌아가며 총 100편을 서로에게 들려주는 형식으로 인간의 본능과 악덕, 허위를 폭로하는 것이 그 내용이다. 역병의 기록과 관련하여 빠뜨릴 수 없는 작품으로는 『로빈슨 크루소』(1719)로 잘 알려진 대니얼 디포우의 『역병의 해 일지』(1722)가 있다. 이는 1655년 런던을 휩쓴 페스트를 바탕으로 한 기록이다. 작가가 어릴 때 본 기억을 만년에 기록했으나 그 정확함과 참혹함에 대한 감정이입은 기록문학으로서의 압권이라고 할 만하다. 『프랑켄슈타인』(1818)으로 유명한 메리 셸리의 『최후의 인간』(1826)도 역병과 관계된다. 이 작품은 역병으로 인한 종말적인 세상이 배경이며 시대는 21세기 말엽이다. 코로나바이러스가 창궐하는 지금과 멀지 않다.

알베르 카뮈의 『페스트』(1947)는 무서운 전염병이 휩쓰는 가운데 고립되어 버린 도시에서 공포와 죽음, 이별 등 극한의 절망적 상황 속에 처한 다양한 인간 군상을 그려낸 작품이다. 질병에 처한 인간의 대응자세에 여러 가지가 있겠지만 인간 실존의 실존주의적 자세를 카뮈는 소설 속 의사 리유를 통하여 세상에 천명한다.

포르투갈 태생의 주제 사라마구의 『눈먼자들의 도시』(1955) 또한 역병에 관한 소설이다. 작품의 배경은 이름 없는 한 도시이고 사람들은 알지 못하는 괴질 전염병으로 실명한다. 도시는 격리, 봉쇄되고 국경도 폐쇄된다. 오늘날의 세계가 겪는 현상을 작가는 미리 예견한 듯 극단의 한계상황 속에 놓인 인간 드라마를 가감 없이 그려낸다. 환자들은 격리되어 입원하는데 정신병원이다. 극단의 두려움과 공포로 인한 병리현상이기 때문이다. 인간간의 불신과 증오, 외국인에 대한 편견과 차별과 폭력의 현장이 적나라하게 드러난다. 우리가 믿는 지성, 문화, 그리고 문명이 편협한 사고와 증오로 오염될 때 얼마나 해체되기 쉬운 것인가에 대한 명백한 실증이다. 마가렛 애트우드의 디스토피아 소설『오릭스와 크레이크』(2019)는 스노우맨이라는 주인공의 회상이다. 세상은 종말을 맞았고 그는 종말 전의 세계를 회상한다. 종말의 원인은 불분명하다. 하지만 유전자 조작과 인간과 동물에 대한 무모한 실험이 단초가 되었다는 것은 자명하다. 그는 종말 후 최후의 한 사람이다. 그의 삶은 그의 이름 눈사람처럼 극도로 불안하다. 제프 칼슨의『역병의 해』(2007)는 무생물에 의한 역병 이야기이다. 바이러스가 무생물적인 측면을 토대로 하고 있다는 사실이 의미심장하다.

한편 눈을 국내로 돌려보면 2013년에 발간된 정유정의『28』이 부각된다. 그때까지는 아직 코로나 역병이 나타나지도 않을 때였는데 작가는 출혈열 괴질을 상정하여 역병에 따른 사망과 불안, 고통, 격리, 불신 등의 사회적 병리현상 등을 다룬다. 미래 곧 우리의 현재를 내다보는 작가의 직관이 놀랄 만하다.

2019년 역병의 실제 내습과 함께 우리나라의 여러 작가들은 현안의 해석과 의미의 재구성, 고뇌에 찬 현실기록, 미래예측에 여념이 없는 모습을 보여준다. 그 실적을 여기에서 모두 담아낼 수는 없지만 일별해 보면『역병의 바다』(김보영),『펜데믹: 여섯 개의 세계』(김초엽 외),『코로나19, 기침소리』(15인 소설집),『바람 바람 바람, 코로나 19』(문선희 소설집),『코비드 19의 봄』(8인 소설집),『바이러스 X』(김진명) 그리고 웹 소설『조선을 구하라』등등 이루 매거하기 힘들 지경이다. 이 시대를 살아가고 있는 현역 작가들의 문제의식에 경의를 표하게 된다.

사실 이 땅의 역사는 전란의 기록이라고들 하지만 역병의 역사임에도 틀림이 없다. 대륙에서 부는 전운과 아울러 '대역'(大疫·역병의 대유행)도 이 땅을 그냥 지나칠 리가 없었다. 다만 지난 시절에는 그 형상화에 있어서 역병 자체가 주제가 되기보다는 이야기의 한 고리이거나 신이적 체험에 그쳐서 아쉬움을 준다. 일찍부터 등장하는 돌림병에 대한 공포전설과 구전 등이 그러하다.

돌이켜보면 가까이 삼일만세 운동이 벌어진 1919년은 스페인 독감이 맹위를 떨치던 절정기였다. 돌림병이 대륙을 넘어서 이 땅에서도 사신이 되어 넘나들었을 텐데도 나라를 찾겠다는 만세의 열풍은 꺼질 줄을 몰랐으니 새삼 옷깃을 여미게 된다. 그런데 일제의 탄압에 더불어 병마의 위협과 고통의 교집합적 현상들이 대서사로 영글지 못함은 못내 아쉽다. 1930년대의 치명률 높은 일본 뇌염과 결핵의 급격한 증가, 1946년 귀환 동포들과 함께 들어온 콜레라, 한국전쟁 때의 티푸스 등등은 삼국시대 이래 이 땅을 간헐 주기적으로 휩쓴 고뿔독감, 성홍열, 염병, 콜레라(호열자), 이질 등과 함께 이 역병의 시절에 문학 자료로서 재조명이 필요할 때가 아닌가 생각해 본다.

우리시대에

어니스트 헤밍웨이가 단편 소설집 『우리시대에(In Our Time)』 초판을 낸 것은 1923년, 증보판이 나온 것은 1925년이었다. 한글 번역본이 나와서 우리 혹은 나에게서 읽힌 시대는 청소년기인 한국전쟁의 와중이었거나 전후 시절이었을 것이다.

헤밍웨이가 이 글을 쓴 시기는 작가 개인으로서는 1차 대전의 이탈리아 전선에서 부상을 당하고 이어 그리스 터키 전쟁의 특파원으로 전쟁의 참상을 목격하고 체험하며 문학청년의 꿈을 키우던 시절이었고 전체적으로는 1차 대전 직후의 허무의식이 세상을 지배하던 시절이어서 소외, 상실, 슬픔, 분리의 이른바 로스트 제너레이션의 시대였다. 내가 세상에 문학이라는 것이 존재한다는 사실을 의식하며 『새벗』이나 『학원』을 매달 기다리고 매달렸던 초등학교와 중등학교 시절, 한국전쟁 직후의 우리나라 시대정신도 이와 유사한 바가 있었다. 더구나 감수성 강한 시기에 들어선 청소년들에게는 허무의식이 본능의 표출 같은 것이었을는지도 모른다. 그림을 그리던 청춘시절의 가까운 친구 하나는 극단의 선택도 했던, 좌절과 패배의 세대를 스스로 자임하던 시절이 아니었던가.

산수연(傘壽宴)이라는 말을 정확히 알게 된 것은 겨우 몇 년 전이었다. 우산 산(傘) 자의 위 획이 여덟 팔(八) 자라서 80세를 기리는 표현이라고 하여도 그게 나와는 그렇게 가깝거나 관련을 맺는말인 줄은 생각도 못하고 살았다. 더욱이 시골에서 초등학교(그때는 국민학교)를 일찍 들어가서 친구들은 모두 나보다 한두 살 위였기에 나는 평생 어리거나 젊은 나이를 향유하는 분위기라서 회갑연 때에도 나이의 압박감을 받지 않고 친구들의 전철을 느긋하게 구경하다시피 하였던 것 같다. 중등학교 동기들이 합동 회갑연을 마련한 잔치마당에서도 나는 아직 아닌데 하는 젊은 행세를 하였고 가르치던 나이든 대학원생들이 조촐하게 마련한 자리에서도 젊은이처럼 굴었던 기억이 있다.

코로나 사태로 나보다 한두 살 많은 동기생들이 개인적이든 단체로든 산수연을 엄두도 못 내고 있는 두어 해 전부터도 이

말은 아직 내게는 생소하고 여유 있는 시간 혹은 공간의식으로 자리하고 있었다. 더구나 새로운 정부에서는 나이에 대한 정의도 새롭게 하여서 잘하면 두 해를 버는 입장이 되지 않았는가.

하지만 중등학교 동기생들의 움직임은 봄부터 심상치 않더니 코로나로 미루었던 합동 산수연을 이번 늦가을에는 기어코 실시한다는 것이 아닌가. 나는 억울하다고 개인적 까탈을 부릴 일이 아니었다. 더구나 회갑은 우리 나이로 61세에, 산수연은 80세에 하니까 벌써 한두 해 지각 잔치를 하게 된 친구들의 진지한 모습이라니….

마음이 급해지며 생각해 보니 항상 우리시대를 생각하는 데에서 앞장을 서지 못하고 뒤만 따라다녔다는 자책이 이 나이에 겨우 들었다. 먼저 간 친구들도 벌써 적지 않다. 건강이 예전만 같지 못하다는 이야기는 모임의 주제가 되었다. 신체적 건강뿐만 아니라 정신적으로도 훼손된 경우를 많이 본다. 이른바 100세 시대라지만 듣고 보고 인지하고 판단하는 능력의 우리시대 수준이 이렇게 급강하한다면 그게 무슨 큰 의미 있는 목표치가 되랴. 연명치료를 받는 어떤 친구는 "차라리…"라는 힘든 표현도 쓰기 시작하였다는 말이 돈다. 헤밍웨이는 우리 나이로 보면 회갑을 갓 넘기고 방아쇠를 당기고 만 셈이다.

뜬금없이 '우리시대에'라는 말이 떠오른다. 원래 이 말은 "주여, 우리시대에 평화를 주소서"라는 기도문에서 나왔다고 한다. 이 말이 지금 우리시대에 떠오른 것은 첫째로는 '우리시대'라는 말이 한 생애를 뜻하기에 포괄 상징성을 지녔기 때문인 듯하고 또 하나는 기도문에 나오는 평화를 간구하는 의미도 크게 작용을 하고 있는 듯하다.

내가 태어난 때는 나가사키에 원자폭탄이 투하되기 딱 이태 전 그날이었다. 독립운동을 하러 중국에 가신 것은 아니고 생업을 위하여 압록강을 건너서 지금 중국의 동북지방 헤이룽장성(黑龍江省) 무단장시(牧丹江市)에 정착하신 부모님은 가업도 꽤 이루었으나 일제의 패망을 예측하고 어머니만 미리 서둘러 일단의 동포들과 귀국 열차에 올랐다가 함경북도 성진(지금은 김책시라든가) 역에서 긴급 난산으로 나를 낳으셨다고 한다. 귀국길 만주지방 수수밭에서 마적 떼에 쫓긴 일, 낙동강 변 고향으로 귀환한 일 등은 유년시절에 한없이 들은 전설적 레퍼토리였기도 하다.

한국전쟁(우리시대에는 육이오사변) 시절에는 낙동강 철교가 끊어지기 직전 피란길에 오른 생생한 체험을 얻는다. 기차는 구미역에서 움직일 줄을 모르는데 '공산군'은 김천까지 진출했다고 하고 여름 더위는 기차 곱배(화물열차)를 가득 채워서 무언가 상한 냄새가 진동하기 시작하였다. 어떤 부잣집에서 돼지를 잡아 삶아서 왔는데 상하기 시작하니까 나누어주기 시작하였는데 우리 가족은 그걸 사양하였다. 그때는 '호열자'에 걸리기 쉽다는 말이 얼마나 야속하게 들렸는지. 왜관 철교를 가까스로 건넜는데 섬광과 폭탄 터지는 소리와 함께 낙동강 다리가 강으로 떨어졌다고 한다. 나는 보지 못하고 어른들의 말씀이 그러하였다. 상한 고기를 먹은 사람들이 구토와 설사를 한 것은 낙동강 철교를 지나서였다.

호열자는 우리 역사에 자주 등장하는 콜레라를 뜻하는 줄은 나중에 알았다. 지금 우리가 겪는 코로나 역병 못지않게 우리 민족사에서 집단 공포를 일으키고 정치사에도 깊이 영향을 미친 기록들이 보인다. 고향이 구미이고 구미초등학교를 나왔다고 하면 벌써 박정희 대통령을 떠올리는 분이 많다. 조국 근대화와 독재라는 양가적 가치로 지금 세대는 생각하고 있지만 우리시대에는 보릿고개를 허문 지도자라는 가치가 훨씬 앞서고 있다.

수복을 하고 보니 일본 식민지 시대에 아담하게 지어놓았던 학교는 폭격으로 사라지고 우리는 가마니때기 가교사에서 초등학교를 마쳤다. 운크라(UNKRA, 국제연합 한국재건단)에서 만들어주었다는 좋은 지질의 교과서는 후배들에게 물려주고 나왔지만 새로 잘 지은 교사는 들어가 보지 못하였다. 소련제 탱크 속에서 쇠구슬과 고무 같은 것을 빼어냈고 지천에 깔린 화약과 탄피로 총을 만들어 갖고 놀다가 나는 다리 관절에 파편이 박히는 부상도 입었다. 시골이라서 지혈밖에 방법이 없었는데도 달포가량 집에서 가료하며 후유증 없이 완쾌하여 남들이 다 외운 구구단을 복학 하루 만에 터득한 기억이 난다. 쇠붙이는 이물감 없이 평생을 함께했는데 나이 들어 무슨 일로 MRI를 찍다가 기억 속에서 다시 현실로 소환되었다. 우리시대에야 임플란트도 입속에 물고 살고 친구들 중에는 혈관에 스텐트도 박고 사는 걸 보며 내 오랜 부상은 다시 망각 속으로 사라진다.

우리시대에 참으로 많은 일들을 겪고 살았다. 최근에는 우크라이나 사태를 보며 지나간 날들 이 땅의 전쟁을 다시 상기하게 된다. 많은 참혹한 장면들이 이중인화된다. 우리시대에 이 땅에 평화를 주소서 하는 기도문이 저절로 나온다.

사진을 찍는 이유

최근 코엑스 컨퍼런스홀에서 큰 사진전을 보며 평소에 품고 있던 의문문 형태의 명제를 다시 한번 음미하는 계기가 있었다. 큰 홀의 한쪽 코너에 'Why Do I Take Photos?'라는 표제와 함께 가난한 나라 어린이들의 핍진한 사진들이 걸려 있지 않은가.

'사진을 왜 찍는가?'

평소에도 렌즈로 세상을 담아내며 자문자답해본 명제였지만 이번에는 평소와 다른 분위기가 나를 감쌌다. 그동안의 답이래야 '미학에 대한 본능적 집착' 정도의 현학적 답안이 있었달까. 이 모범 답이 너무 거창하다 싶으면 때로 겸손사를 덧붙이기도 하였다. 예컨대 '직접 화필을 잡기에는 재능이 미치지 못하니 카메라에 의존하게 되었고 또 사실적 기록 본능도 작용했을 것'이라는….' 본심을 조금 더 밝혀도 좋은 자리에서는 '번거롭지 않은 심심풀이 취미'라고도 덧붙였을 것이다.

'카메라 취미' 정도는 상대적으로 정말 번거롭지 않다. 비교 삼아 우선 '개'를 보자, 부르는 말부터 복잡하게 되었다. 이제는 개를 개라고 부르다가는 개 같은 표현이라고 비난을 받는 것은 물론, 동물 학대나 모독죄에 걸릴 지경이다. 또 애완견에게 새벽부터 쏟는 저 노력은 끔찍하다. 내가 카메라를 덜렁 메고 아침 산책에 가볍게 나서는 데 반하여 이웃집 개 키우는 아주머니를 보자. 아침부터 그녀는 조끼 입힌 개를 따라다니며 배설물을 처리하려고 손에는 폴리 장갑, 주머니에는 폴리백을 넣고 따라다녀야 한다. 신진대사가 있는 생물을 키우며 자초하는 이 노심초사는 무엇인가 말이다. 얌체족들은 그냥 방사를 시키면서 매일 경범죄를 범한다. 고양이를 키우며 당하는 시시각각의 배신감, 짧은 수명의 햄스터가 주는 가슴 아픈 추억, 금붕어와 기니피그의 돌연사 등은 특히 어린 손주들의 마음을 크게 상처 낸다. 반려동물이 벌이는 이 모든 존재의 법칙, 혹은 반칙은 심려의 수준을 넘어서서 고통의 영역으로 들어온다.

그러나 카메라는 이런 현상을 초월하여 내게 동반한다. 사막에서 미세 모래가 들어가 눈도 껌벅이지 못하고 앓던 손바닥만 한 똑딱이 카메라도 이틀만 지나면 자연치유가 되고서 금방 눈망울을 반짝이며 내 손가락의 온기를 탐한다. 대포 망원 렌즈를 단 큼직한 맏형 녀석은 "그래, 깨어날 줄 알았어" 하며 내 어깨에서 넌지시 반긴다. 반려동물들의 상호 시샘 같은 것도 없이. 과연 카메라는 온전히 나의 의지에만 종속하며 무슨 요구 같은 건 결코 하지 않는다. 반려동물들의 본능적 구애조차 입과 행동으로 하지 않으니 섭섭할 지경이나 이래서 가화만사성!

그런데 이런 연수필성(軟隨筆性) 카메라 사랑론이 언제부턴가 흔들리기 시작한다. 전장에 목숨을 바친 사진기자 로버트 카파 같은 거장을 생각해 내서 하는 말만은 아니다. 아름다움, 미학 운운하는 나의 세상 파악 시선이 그 반대편에 존재하는 어둠의 세계에 닿기 시작하면서 부끄러움이 생겼다. 가까이로는 유니세프의 어린이 구호 운동에서 보게 되는 저 참상, 우크라이나 전쟁의 상흔을 담은 끔찍한 현장성, 그리고 이번 서울 포토전에서 보는 가난한 나라의 비참한 어린이들이 보여준 한 조각의 꿈을 접할 때 더욱 그러하다. 그러고 보니 말없는 카메라와 렌즈의 강렬하고 진정한 의지를 주인을 자처하고 있는 내가 미처 못 다 파악한 건 아닌가. 그들에게 더욱 치열한 존재의 의미를 가하는 게 진정한 카메라 사랑이 아니겠는가. 내가 아름다움에만 취해서 양지에서만 그대들의 셔터를 누르다가 이윽고 내구연한이 지나면 진열장에 미라처럼 늘어놓은 건 바로 내 생각이 얕아서였구나, 이제부터라도 작열하는 태양 아래에서건 칠흑 같은 어둠 속에서 플래시를 터뜨리건 처절한 현실의 모습을 캐내어 보자.

김철교

서울대 영어교육과(1976), 중앙대 경영학박사(1988), 중앙대 문학박사 (2018).
시인(2002, 시문학), 평론가(2015, 시와시학), 소설가(2017, 한국소설)
(현) 배재대학교 경영학과 명예교수, 한국시문학아카데미 학장.
국제PEN한국본부 부이사장.
시집: 『무제2018』(시와시학, 2018) 등 10권.
산문집: 『영국문학의 오솔길』(시문학사, 2018) 등 10권.
경영경제전문서: 『자본시장론』(법문사, 2000) 등 19권.
<제1회 심재 김철교 문인화 개인전>(2018.11.28.~12.3. 인사동 경인미술관)

시(詩)라는 한 폭의 추상화 읽기

1. 언어와 사랑의 정체
2. 겨울의 아포리즘
3. 물의 철학
4. 예술가의 별
5. 차와 커피의 향(香)
6. 섬진강과 지리산의 넓은 품

매월 다른 시인의 시 한 편을 깊게 읽고, 나의 시 한 편을 곱씹어 보는 글을 쓰기로 했다. 앞으로 10년간 매월 연재한다 해도 타인의 시 120편과 나의 시 120편밖에 다루지 못하겠지만, 행복한 시간이 될 것 같다. 우선 월간 『시문학』 2022년 10월호부터 시작했다. 여기에 게재된 글은 연재를 시작한 6개월 원고를 조금 손보아 재수록한 것이다.

작품의 출처는, 다른 시인의 시는 「시문학」 창간 50주년 기념 사화집 『한국 문학의 100년을 열다』에 게재된 시 중에 1편, 나의 시는 2021년에 발간된 시선집 『내가 그리는 그림』에 있는 시와 그 후 잡지들에 기고한 시 중에서 1편을 선정한다. 시문학사에서 지령 600호도 기념하여 발간한 이 사화집에는 문덕수 시인의 시를 비롯하여 136인의 등단작 및 '자천 대표시'로 엮어져 있다.

생존해 계시는 원로 시인이, 필자가 학장으로 있는 '한국시문학아카데미' 금요포럼에서, 자기의 대표작을 소개하며 말하기를, "어떤 평자가 내가 전혀 의도하지 않은 방향으로 나의 시를 읽고 있는데, 그로 인해 유명해진 작품"이라고 소개하며, 자신도 자기처음 의도와는 상관없이 대표작으로 내세우게 되었다는 것이다.

힘주어 썼던 작품은 독자에게 외면을 받아 잊히고, 시인 자신은 생각지도 않았던 작품이, 독자의 영혼을 뒤흔들어 대표작이 되는 경우가 적지 않다. 바이런이 '어느 날 일어나 보니 유명해졌다'고 하는 말도 같은 맥락이다. 예술가는 그저 최선을 다해 작품을 세상에 내놓을 뿐이다. 독자/평자/관람자의 심금을 울리는 것은 창작자의 몫이 아니라 작품의 몫이다.

아무리 쉽게 쓴 시도, 아무리 사실적으로 그린 그림이라 하더라도, 수용자에 따라 받아들여 해석하는 이미지는 각기 다르다. 내가 모든 시와 모든 그림은 '추상화'라고 우길 수 있는 이유라 하겠다.

첫 번째 글에는 인간 삶의 중핵인 언어와 사랑에 대한 짧은 생각을 담았다.

1. 언어와 사랑의 정체

(1) 문덕수 「꽃과 언어」 읽기

언어는
꽃잎에 닿자 한 마리 나비가
된다

언어는
소리와 뜻이 찢긴 깃발처럼
펄럭이다가
쓰러진다

꽃의 둘레에서
밀물처럼 밀려오는 언어가
불꽃처럼 타다간
꺼져도

어떤 언어는
꽃잎을 스치자 한 마리 꿀벌이
된다

– 문덕수 「꽃과 언어」, 『한국 문학의 100년을 열다』(시문학사 2021), 전문

나는 '꽃잎'을 보면, '꽃잎'이라는 소리를 들으면, 사춘기 시절 좋아했던 소녀 얼굴이 생각난다. 나의 작은 농장 심재원(心齋園)에서 부용꽃을 보면, 신윤복의 「미인도」가 떠오른다. 시인이 어느 대상을 만났을 때, 어떤 소리를 들었을 때, 자신의 처지와 장소와 시간에 따라 각기 다른 이미지를 떠올린다. 예술가의 특권은 언어와 색을 마음대로 쓸 수 있다는 것이다. 나뭇잎을 그릴 때 무슨 색을 쓰든 용인된다. '꽃잎'을 누구의 얼굴로 묘사해도 틀린다고 말할 수 없다.

이 시에서, 화자가 사물(꽃)을 보자 혹은 '꽃잎'이라는 소리를 듣자, '나비'라는 이미지, '꿀벌'이라는 이미지가 떠오른다. '언어 = 기표(記表) + 기의(記意)'라고 언어학자들의 주장을 원용(援用)한다면, '꽃잎'은 기표가 되고, '나비'와 '꿀벌'은 기의가 된다. '실재(實在)'를 대변하는 '언어'는 찾기가 불가능하다. '기표와 기의의 관계, 즉 의미작용(意味作用)에는 필연성이 없고 자의적'이기 때문이다. 시인은 사물을 정확하게 표현할 수 있는 언어 찾기에 골몰하나 결국 비슷한 시어밖에 떠올리지 못하고 시를 쓸 때가 너무 많다.

이 시에서, 화자는 "언어는/ 소리와 뜻이 찢긴 깃발처럼/ 펄럭이다가/ 쓰러진다." "꽃의 둘레에서/ 밀물처럼 밀려오는 언어가/ 불꽃처럼 타다간/ 꺼져도," 결국은 시 한 편을 완성할 때는 '시인이' 가장 적절하다고 생각하는 시어로 자리를 잡게 된다. 그러나 시인을 떠나 수용자에게 이를 때, 다른 이미지로, 다른 기의(記意)로 받아들일 수밖에 없다. 시인의 기호는 떠돌이 신세가 될 수밖에 없다.

이 시는 시인의 언어 사용에 대한 고민을 형상화하고 있는 것으로 읽힌다. 시인의 언어, 화가의 색(色) 사용은, 어려운 만큼 다양하고 오묘한 세계를 펼쳐 우리 삶을 풍요롭게 한다.

(2) 김철교 「당신으로 가득한」 읽기

하루 또 하루를 갑니다
저 멀리 아득한 길이 끝나는쯤
잘 알 수는 없어도
그러나 가야 할 산이기에, 거기서
당신을 만날 수 있다는 믿음으로 갑니다
황톳빛 자갈길을
힘찬 발걸음으로 갑니다

길가 야생화 풀숲 아침에는
방울방울 가득한 이슬들이

아름다운 무지개 세상을 열고
당신의 웃는 모습을 그려 줍니다

갑자기 지나가는 트럭이 일으키는
뙤약볕 먼지 속에서도
당신의 모습, 거기 아른거려
길이 잠시 안 보이는 듯 비틀대는 걸음도
피곤치가 않습니다

온몸 온 마음 온 영혼에
꽉 차 있는 당신
폭풍우 가득한 깜깜한 밤에도
항상 꺼지지 않는 불 밝혀 앞서가는
등불이십니다

– 김철교 「당신으로 가득한」, 『착각의 시학』(2022년 봄호), 전문.

사랑이란 무엇일까? 인간 존재 이유가 아닐까? 사랑은 카멜레온 같아서 항상 변하기 쉽고 또 사람마다 각기 다른 것이 아닐까. '사랑'이라는 실재(本質)는 아무도 알 수 없다. 인간에 대한 사랑은 물론 신에 대한 사랑도 마찬가지다. 내 처지에 따라 색깔과 느낌이 다르다. 그러나 사랑이라는 등불이 꺼지면 살아 있어도 죽은 것과 같다.

내가 이 시를 쓴 것은 어떤 여인을 불같이 사랑한 적이 있었는데, 그것이 기회가 되어 사랑을 하나님에 대한 사랑으로까지

지평을 넓혀 보았다. 사람에 대한 사랑은 잔잔한 이야기로 남았고, 하나님에 대한 사랑은 언제나 가슴 한가운데 꺼지지 않는 등불이 되어 나의 삶을 인도하고 있다.

2. 겨울의 아포리즘

(1) 겨울의 의미

겨울은, 모든 생물이 지난 시간을 곱씹어 보며 새로운 해를 준비하는 기간이다. 어떤 사람은 한 해의 끝을 아쉬워하며 허무를 노래하기도 하고, 어떤 사람은 새로운 시작을 준비하며 기다리는 설렘의 시간이 되기도 한다. 상상력과 창의성이 풍부하게 주어진 예술가들이 겨울을 읽는 눈은 다양할 수밖에 없다.

(2) 신규호 「싸락눈」 읽기

눈 감고 앉으면
하늘로부터

가위질 소리가 들린다
귓가에 사각거리는 차가운
금속성
세상이 한 손 아래
벗어지고, 잘려
떨어지고
하얗게 부서져 내리는
오후

눈 감고 앉으면
싸늘한 목덜미
잎 진 낙엽송 빈 가지
떨어지는 것들을 받으며
온 몸으로 살아도
손가락 사이로 삶의
분말이
쏟아져 내린다

뺨을 스쳐 미끄러지며
달리는 시간
겨울이 와서, 흰 가운을 입고
인간의 성한 수염을 깎는
십이월 늦저녁
누가 두런두런 골목을 지나
사라지고,
아득한 마음 한 끝에서

문 닫히는 소리
어둠과 집념의 뼈가 부서져
지상에 흩어져 쌓이고 있다

– 신규호 「싸락눈」, 『한국 문학의 100년을 열다』(시문학사, 2021), 전문

시인은 "십이월 늦저녁"에 싸락눈 소리를 들으며, "어둠과 집념의 뼈가 부서져 지상에 흩어져 쌓이고 있"는 것을 보며, 죽음의 그림자와 허무를 은유하고 있다. 소리(가위질 소리, 사각거리는 금속성, 두런두런, 문 닫히는 소리)와 색깔(하얗게 부서지는 오후, 흰 가운) 그리고 촉각(차가운 금속성, 싸늘한 목덜미)이 함께 리듬을 타고 독자에게 삶의 마지막 "문 닫히는 소리"를 들려준다.

이 태동은, 이 시가 실린 신규호 시인의 시집 『立秋以後』(신라출판사, 1976)의 평설에서, "흰 싸락눈이 내리는 것처럼, 죽음이 오고 있음을 독자들에게 입체적으로 볼 수 있게 하고 있다.(……) 그의 시(詩)는 싱싱한 생명에 넘쳐 움직이는 회화(繪畫)이며, 처절하고 밀도 짙은 인생 풍경화(人生 風景畵)임에 틀림이 없다."고 읽고 있다.

노유섭은 한국시문학아카데미에서 발표한 신규호 시인론에서 "존재에 대한 의문, 허무의식, 언어를 통하여 이를 극복하고자 하는, 시 쓰기 작업의 고통과 몸짓"(「사명의식에 바탕한 인간존재의 탐구」, 『예술 융복합 시대 문학의 좌표』, 시문학사, 2020)을 발견했다.

(3) 김철교 「겨울 산」 읽기

수식어는 다 지고 주어 동사만 남았다

길고 지루한 시간들은
소설 속에서 한두 줄 삶으로 요약되듯
온 겨울이 한줄기 바람으로 피어올라
나무들을 간지리고 있다

아직은 꽁꽁 언 가슴 파기지만
한 해를 아우른 씨앗 한 톨
품어 넣고 생명을 풀무질한다

버려진 깡통 위에도
보이지 않는 생명들이 스멀거리고
다 삭아버린 뼈에도 핏줄이 돈다

새로운 수식어를 준비하고 있다

- 김철교 「겨울산」, 『내가 그리는 그림』(시선사, 2021), 전문

대부분 나무의 잎이 지고 풀들이 시들어 누워버린 겨울 산은 생의 필수적인 요소(주어와 동사)들만 지니고 있다. 다음 해에 새로운 잎(수식어)으로 단장하기 위해 부산한 명상의 시간을 연출하고 있다. 봄, 여름, 가을의 시간을 부지런히 살아온 흔적은 사라지고 오직 바람만이 산등성이로 흘러, 새로운 봄을 준비하는 겨

울 산을 격려하고 있다.

겨울 산에 들면 모든 것이 죽은 듯해도 땅속에서 우리 눈에 보이지 않는 생명들이 살아 움직이고 있다. 다 삭아버린 나뭇등걸에서도 무언가 생명이 숨 쉬고 있고, 굴러다니는 빈 깡통 속에도 심안이 아니면 볼 수 없는 생명들이 스멀거리고 있다.

이 시에서는 겨울 산에서, 죽음 대신 새로운 삶을 준비하는 각오를 다잡는 숨소리에 집중하고 있다. 죽음을 극복하고 부활을 꿈꾸는 화자의 희망이, 얼어버린 땅속에서도 스멀거린다. 지난 시간들도 괘념치 않고 허무의 굴레를 벗어나 희망을 꿈꾸고 있는 탱탱한 산의 기운을 느낀다.

3. 물의 철학

(1) 생명의 근원

물의 특징은, 첫째 모든 것을 받아들이며 주어진 환경에 순응한다. 노자는 「도덕경」에서 상선약수(上善若水) 즉, 가장 높은 선은 물과 같다고 했다. 물은 다른 물건들과 다투지 않고 양보하면서 흘러가는 겸손한 존재다.

둘째, 물은 정갈하며 죄를 씻어주는 것으로 받아들여지고 있다. 기독교의 세례(洗禮)는 죄를 씻고 다시 태어나는 의미이며, 불교의 계욕(禊欲)은 죄와 세속의 욕망에서 벗어나 피안에서 다시 태어나기 위함이다. 인도의 힌두교도들은 갠지스강물에 목욕재계하면 모든 죄를 면할 수 있다고 한다. 우리나라도 예로부터 첫새벽에 길은 우물물을 정화수라고 하여 재앙을 쫓아내거나 복을 기원하는 데 사용하였다.

셋째, 물은 만물의 구성원리이며 생명의 근원이다. 물은 우리 몸의 대부분을 구성하고 있다. 지구상의 모든 생물은 물이 없으면 살 수 없다. 달이나 별 탐사에서 물이 있는지 여부로 생명이 존재하는지를 판가름한다.

(2) 김규화 「물이 되어」 읽기

그대 눈속의 부드러운 살로
그대 살속의 따뜻한 온기로
흘러가리라

초가을의 야산,
방금 죽은 참새의
가슴속
가장 작은 눈물로
모든 죽어가는 자에게 주는
한 모금의 생명으로
깊으디깊은 뼈의 골수로
흘러가리라

부드러움의 한없는 부드러움
촉촉함의 한없는 촉촉함
매끄러움의 한없는 매끄러움으로

가시벽돌을 흘러가리라

혹은 한숨으로 미소로
더 낮은 곳으로
더 깊은 곳으로
마셔서 잠을 깨는 마약으로
흘러가리라
흐느끼며 신음하며
흘러가리라

– 김규화 「물이 되어」, 『한국 문학의 100년을 열다』(시문학사, 2021), 전문

김규화 시인은 시를 통해 물의 철학을 체화(體化)하고 있다. 김규화 시인의 첫 시집 『이상한 기도』(시문학사, 1981)에 실린 시 「지나가기」에서 등장한 "물이 되어 물과 섞어지게 하고(……) 왔다가 가는 데는 걸림이 없기"라는 구절에서 시작한, 물처럼 살고자 하는 삶의 철학은 「물이 되어」에서 더욱 구체화되고 있다. 사랑하는 대상(사람이든, 사물이든, 삶의 목표든)에 대한 살신성인의 자세를 엿볼 수 있다. 한평생 가족을 위해, 월간 『시문학』을 위해, 시 쓰기를 위해, 어려움과 고통을 극복하며 겸손한 자세로 주어진 환경에 순응하는 생명의 물로 살고자 하는 시인의 삶의 철학이 투영되어 있다.

김규화 시인에 의하면, 제8시집 『날아가는 공』(시문학사, 2012)을 기점으로 이전을 제1기로 분류하고, "제1기가 사물의 내적 혹은

심적 동요를 간결하고 압축되게 관념화했다면, 제2기는 관념이나 사상보다는 사물 존재의 중요성과 IT 정보체계에 치중하여 쓴 하이퍼시라고 하겠다."(「나의 시 나의 생」, 『계간 시마』, 2022.06). 나는 김규화 시인의 시 전체를 읽어 보고 나서, 제1기의 작품에 더 정감이 가고 내 마음 깊숙이 와닿았다.

김규화 시인이 대표 시로 제시한 「물이 되어」도 제1기에 속하는 『관념여행』(신원문화사, 1989)에 수록된 시다. 김열규의 이 시집에 대한 평설에 의하면, "성직(聖職)스러운 언어, 어쩌면 극히 신비스런 개인적인 '시도문(時禱文)'과 같은 언어권 안에 자리잡"고 있다. "시인이 한도 없이 세계 속으로 내면화하고 호응하여 거듭나는 경지", "시적인 서정의 가장 순결한 경지 바로 그것이다."

(3) 김철교 「선유도공원에서 띄우는 배」 읽기

한강은 나의 자서전

세상 문에 귀를 대고 조심스레 두드렸을 때
크고 작은 나무들을 얼싸안은
바윗돌 사이사이 물 거울 파편에 반짝이는
푸른 꿈의 조잘거림을 들었네

이리저리 떠밀려 불혹(不惑)에 이르러
이 골 저 골에서 실려 오는 풍문에 귀 기울이며

잦아 저가는 설렘의 잔상이나마 붙잡으려
차츰 늦춰진 흐름

어찌어찌 선유도쯤에서는
세상과 세상을 이어주는 다리를 머리에 이고
넓은 하늘 담아내려 품을 넓히면서
에라, 오만 욕심 구태여 버리지 않고
느림의 미학을 수업하는 중

바다에서 불어오는 바람이
꽃 피운 대나무
이파리를 따서 배를 접어
강물에 띄운다

– 김철교, 「선유도 공원에 띄우는 배」, 『시와시학』(2022년 여름호), 전문

오래전에 한강을 주제로 시를 쓴 적이 있는데 이를 다듬고 확장하여, 한강을 나의 자서전으로 은유했다. 한강 상류에서는 돌 틈으로 맑은 물이 경쾌하게 흐르지만, 차츰 여러 곳에서 각종 오염물질까지도 받아들이면서 큰 냇물이 되어서는 차츰 흐름이 늦어지며 여유로워지고 있다. 나이가 들어감에 따라 세상 욕심에 물들지만, 바다에 이르면 넓은 품에 안겨 희석되고 소금에 정화되어 썩지 않은 바닷물이 된다.

나는 '예술의 전당' 사진반에서 선유도공원으로 출사를 나간 적이 있었는데, 여기 대나무밭에서 대나무 꽃을 처음 보았다. 대

나무가 꽃을 피우면 상서로운 일이 있다는 속설이 있으나, 일부 학자들은 대나무가 생존이 어려우면 남은 모든 힘을 다해 꽃을 피우고 죽는다고 한다. 서해바다가 가까운 선유도에서 대나무꽃을 보고, 혼신의 힘을 다해 후회 없이 주어진 시간을 살다가 저 넓은 바다와 같은 천국에 이르겠다는 각오로, 대나무 잎으로 배를 접어 바다를 향해 흘려보냈다.

4. 예술가의 별

(1) 시인의 단짝 친구

별은 해와 달 못지않게 많은 작품에 등장한다. 특히 자연현상 앞에 무력했던 오랜 옛날에는 별은 해와 달과 더불어 숭배의 대상이었다. 과학이 발달함에 따라 신비감이 없어지는 것이 아쉽기는 하지만 여전히 별은 인간에게, 특히 예술가에게 숱한 영감을 주고 있다.

『신약성경』에 의하면, 동방박사들은 하늘의 별을 보고 페르시아에서 예루살렘까지 예수를 찾아갔다. 점성술사로 보이는 동방박사들은 베들레헴의 별을 보고 메시아의 탄생을 알았다. 점성술에서는, 일월성신의 움직임이 인간의 운명은 물론 일상생활과 자연을 지배한다고 믿었다.

오랜 옛날부터 많은 설화가 걸려 있는 별자리는, 온갖

세상사에 영향을 미쳤다. 농사를 짓는 데 중요한 지침이 되었고, 여행자와 뱃길의 길잡이가 되었다. 북극성의 위치는 변하지 않기 때문에, 길 잃은 사람들은 북극성을 보며 길을 찾았다. 북두칠성도 항해나 여행의 안내자 역할은 물론, 밤에 시간을 측정하는 데도 유용하였다. 우리나라 민간신앙에서도 북두칠성이 자연현상과 인간의 운명을 좌우하는 것으로 여겨져, 칠성단을 쌓아 정화수를 올려놓고 빌기도 했다.

과학의 발달과 무관하게, 여전히 별은 많은 글과 그림과 노래로 우리 삶을 풍요롭게 해 주고 있다. 최은하 시인에게 별은 그리움의 대상이며, 희망이요, 삶의 좌표여서, 별과 한 몸 되어 노래하기를 즐겨한다.

(2) 최은하 「별과 같이 살고 지고」 읽기

고향을 떠나 살면서부터
별 하나 품고 산다네

깊이 잠들지 못하는 밤이면
별을 날리고

꿈결에서도 별을 내리받아
별과 함께 반짝이고

별이 뜨지 않는 날이어도
창문은 꼬옥 열어 놓는다네

별을 안고도
마냥 별이 그리워서

대낮에도 별을 찾아
별을 심고 가꾸며 살고지고

– 최은하 「별과 같이 살고 지고」, 『한국 문학의 100년을 열다』 (시문학사, 2021), 전문

이 시는 항상 별을 품고 사는 왕십리 시인의 자선 대표시다. 최은하 시인은 "고향을 떠나 살면서부터/ 별 하나 품고 산다. (……) 대낮에도 별을 찾아/ 별을 심고 가꾸며 살고" 있는 시인은 하나님께서 보내주시는 별빛에 기대어 삶의 어떤 고난도 능히 극복할 수 있으리라. 신앙심이 깊은 최은하 시인에게 별은 하나님께서 비춰주시는 희망의 등불이 되고 있다.

2021년 PEN 문학상을 받은 시집 『푸른 별나라 풍경』(믿음의문학사, 2019)에 실린 「별 하나와 나」라는 시에서도 "꿈을 잃을라치면/ 별은 사뭇 가물거리기도 하지만/ 별을 꼬옥 안고 하루를 지내노라면/ 가슴속에서 별은 빛난다네/ 바로 이런 참이면/ 비로소 나도 별 하나가 되본다네"라고 노래하고 있다.

해와 달은 하나이기 때문에 우리 모두의 해요 달이다. 그러나 별의 숫자는 너무도 많아서, 하늘에는 최 시인의 별도 있고, 너의 별도 있고 나의 별도 있다. 천국에 들어 있는 사람들이 밝히는 등불이 별빛이 아닐까.

(3) 김철교 「별빛은 우리를 구원하고」 읽기

론(Rhone)강 위 하늘에서 떠돌던 별들은
당신과 나의 진한 키스에
깔깔거리며 강물 위로 달려듭니다

그림 속으로 들어가
거기 우리만의 세상을 세우시지요
돈 화가만이 갈 수 있는 나라
그림도 그리고 시도 그리고
어제도 버리고 내일도 버리고

불빛 별빛
온 세상을 휘마는 회오리
우주의 블랙홀 속으로
시(詩)마저 그림자마저
기꺼이 몸과 함께 던지면
별들의 향기를 맡을 수 있을까

- 김철교 「별빛은 우리를 구원하고 - 고흐 '아를의 별이 빛나는 밤'」,
『무제 2018』(시와시학, 2018), 전문.

필자가 아내와 함께 파리에 있는 '오르세 미술관'에서 고흐의 「아를의 별이 빛나는 밤」 앞에 섰을 때, 그림 속으로 빨려 들어가서 쓴 시다. 인쇄물이나 인터넷에서 보는 그림과는 완전히 다른 감흥을, 실제 그림 앞에 서면 느낄 수 있다. 먼 길을 마다하지 않고 명화를 찾아 나서는 이유다.

고흐가 아를에서 그린, 서로 다른 「별이 빛나는 밤」은 프랑스 오르세미술관과 뉴욕현대미술관, 두 곳에서 소장하고 있다.

오르세 미술관에서 소장하고 있는, 아를 지역을 흐르는 론(Rhone)강 강가에서 보는 별이 빛나는 밤에는, 하늘에 북두칠성이 그려 있고, 강가에는 두 연인이 데이트하는 모습이 그려져 있다. 정답게 강가에서, 별들이 강물 위로 깔깔거리며 뛰어드는 것을 바라보고 있는 듯싶다.

뉴욕현대미술관(MOMA)에 있는 「별이 빛나는 밤」에는 아를 지역 마을 위에서 빛나는 별과, 커다란 사이프러스 나무가 강조되고 있다. 사이프러스 나무는 죽음을 상징한다. 하늘에는 구름 별빛 달빛이 격정적으로 소용돌이치고 있다.

고흐가 론강 위로 별이 빛나는 밤을 그릴 때는 평온한 상태였다고 하며, 커다란 사이프러스나무가 강조된 별이 빛나는 밤을 그릴 때는, 고흐가 자신의 귀를 자른 후 생레미 정신병원에 입원해서 그린 그림이라고 한다.

고흐는 동생 테오에게 보낸 편지에서 '별을 보는 것은 언제나 나를 꿈꾸게 한다.' '우리는 별에 다다르기 위해 죽는다'고 했다. 고흐는 지금 프로방스의 하늘 위에 별로 빛나고 있으리라. 나의 별은 천국의 어디쯤 자리를 잡을 수 있을까.

5. 차와 커피의 향(香)

(1) 현실서정

차와 커피는 조용히 마음을 가라앉히고 홀로 명상에 들거나, 정다운 사람과 도란도란 이야기를 주고받는 자리에 알맞은 마실 거리다. 정치 논쟁이나 도덕 강좌에는 도무지 어울리지 않는다. 차와 커피는 예술과 가장 친근한 동무가 아닐까 싶다.

우리 문단에 한때는 현실참여 문학과 순수서정 문학의 다툼이 있었지만, 이제는 이 둘을 나누는 것 자체가 진부한 논쟁이라 하겠다. 현실에 젖어 살지 않는 예술인은 없다. 다만, 바라보는 화자의 내부를 향하고 있는가, 밖의 사회를 향하고 있는가의 차이일 뿐이 아닐까. 물론

이 둘 또한 성숙한 작품에서는 분리되어 있는 것이 아니리라.

(2) 김용재 「겨울 차밭에서」 읽기

겨울 차밭에 달빛이 내리면
고요가 눈을 뜨고 방긋이 웃는다
어둠 만지며 자유는 고랑을 기어나와
동행의 손을 잡고 침묵을 흔든다
노래였다, 콧노래였다가
세레나데 차가운 음계 밑으로
울음 우는 우리의 남과 북였다가
꿈에라도 그리는 통일협주곡
예감, 따라오는 날선 바람일까
슬픔의 먹을 칠 자객일까
저 용맹의 친구 하나 또 기다린다
그리매 끌고 오는 어느 먹빛 이념도
손끝 밀어 올리면 현으로 울릴까
살에 붙은 한기를 문지르며
움츠린 세상을 다시 깨운다
녹색의 정기 출렁이듯 그린다

– 김용재, 「겨울 차밭에서」, 『한국 문학의 100년을 열다』
(시문학사, 2021), 전문.

3.8민주기념사업회를 이끌고 있는 김용재 시인은 대전고 학생으로 3.8민주의거에 참가했고, 3.8 및 4.19 민주의거에 관해 적

지 않은 작품을 써왔다. 그중에 본인이 대표시로 제시한 「겨울 차밭에서」는 정제(精製)된 감성과 정제(整齊)된 이성으로 현실을 바라보는 시선을 숙성시킨 작품이다. 남북통일을 염원하고 자유를 위한 외침이 아름다운 '현'으로 울리고 있다.

'겨울 차밭에 달빛이 내리면, 자유는 고랑을 기어나와, 동행의 손을 잡고 침묵을 흔든다. 울음 우는 우리의 남과 북였다가, 꿈에라도 그리는 통일협주곡. 어느 먹빛 이념도 손끝 밀어 올리면 현으로 울릴까.' 이보다 더 자유와 통일을 가슴 깊이 와닿게 하는 현실 서정이 있을까 싶다.

(3) 김철교 「에스프레소 여인」 읽기

아침 햇살이 찻잔에 또아리를 튼다
짙은 갈색 작은 거품마다에는
그녀 입술이 얼비친다 일상의 빛깔로
햇살 자락에 매달아 하늘로 올리는 기도

등뒤로 길게 늘어진 그림자에는
왜 사랑보다 슬픔이 많은가
커튼을 툭툭쳐 햇살을 털어내고
마음의 문을 닫는다

찻잔의 그림자조차 사라지고 나면

기지개를 켜는 한 움큼의 시간들이
습관으로 그녀를 몰아가고 있다

- 김철교 「에스프레소 여인」, 『달빛나무』(시문학사, 2006), 전문.

화자는 아침 햇살을 받으며 창가에서 진한 커피를 마시며 일상을 깨운다. 정치와 통일 같은 묵직한 이념은 이겨낼 자신이 없다. 현실에 부대끼며 살아가는 여인에게는, 우울한 현실을 밀어내고 새로운 기지개를 켜는 아침, 강렬한 커피인 에스프레소가 제격이다. 비록 개미 쳇바퀴 도는 일상을 이겨내기가 여간 힘에 부치는 것이 아니긴 하지만.

문덕수의 이 시에 대한 평설에 의하면, "사물에 대한 지각경험과 언어적 조형력의 섬세함, 그 높낮이와 원근을 보여준다. 수반하는 관념을 떨쳐버린 뒤에 남은 순수한 이미지만으로도 미학적 무게가 상당함을 감지할 수 있다."(「자기 찾기의 항해」, 『달빛나무』, 시문학사, 2006)

(4) 정제된, 감성 이성 그리고 영성

삶의 거울인 문학은, 시인이 외부현실과 내적현실의 어디에 초점을 두느냐에 따라 다양하고, 어느 것이 우월하다고 말할 수 없다. 작품에서, 당연히 보다 나은 현실이, 우리가 살고 있는 지금 여기에 구현되도록 노력하고 있다. 정치 및 사회 구호에 부화뇌

동하거나 도덕 교과서를 읊조리는 생경한 문장은, 예술혼으로 푹 삭히고 정제해서 내놓는 것이 필요하고, 오늘날 많은 작품이 그러한 방향으로 가고 있다. 다만 아직도 신변잡기의 '푸념 문학'이, 내면성찰 혹은 새롭다는 가면을 쓰고 신춘문예나 젊음을 대변한다는 일부 잡지에 눈에 띄는 것도 사실이다. '정제된 감성 이성 그리고 영성'으로 현실을 다독이는 글쓰기가 그리 쉽지는 않다는 것을 필자도 절감하고 있다.

6. 섬진강과 지리산의 넓은 품

(1) 섬진강과 지리산

섬진강과 지리산은 전라북도, 전라남도, 경상남도를 품고 산다. 지리산은 동학농민운동에 실패한 사람들을 비롯하여 지배층 횡포에 고통을 당하던 많은 사람이 숨어들었고, 일본의 침략에 맞섰던 의병들이 싸웠던 곳이며, 한국전쟁 당시에는 빨치산들의 근거지가 되기도 했다. 섬진강은 이들이 흘린 피와 한(恨)을 머금고 흐르면서도 우리에게 푸근한 정을 주고 치유해 주는 넓은 품을 가졌다.

유네스코 세계무형유산인 판소리를 비롯한 많은 예술가의 혼이 배어 있는 곳이 지리산과 섬진강이다. 화엄사와 쌍계사 등 불교 문화의 박물관이라고 해도 부족함이 없는 사찰들이 있고, 수많은 설화와 전설들이 똬리를 틀고 있다. 「토지」, 「역마」, 「혼불」 등 많은 소설의 배경이 되었으며, 남명 조식, 매천 황현 등 올곧은 선비의 발자국들이 가득하다. 함동선 시인은 섬진강의 봄을 맛깔스러운 언어의 풍경화로 그리고 있다.

(2) 함동선 「섬진강에서」 읽기

둥둥둥 북소리에 끌려왔더니
섬진강은
나무 사이를 비집고 들어온 햇살로
종이처럼 얇고 깨끗하다
짐을 부리기 전인데
나는 이미 강이 됐는가 했더니
너는 물이 되어 흐른다
여기저기서
길이 한 자 두 치 둘레 여덟 치의 소리 북에
평생을 갇혀 산 김명환*의 북소리가
가슴을 두드리다가
나중엔 핏속으로 흘러들어 온몸을 죄기 시작한다
작설차에 젖은 오후
역마**의 슬픈 사랑을 기억하는
매화가 피기 시작한다
굽이굽이 주막이 있고 색시가 있고
은어회 맛내는 육자배기 가락이 있어
산수유꽃도 개나리꽃도 가만 있질 않는다

지나간 시간들이 밀려가고 있는 이곳
내가 너를 기다리는 오래전부터
네가 기다린 곳은 이런 데가 아니었는가
비어 있으면 채우기가 쉬운 법인데
너에게 가는 길은 멀기만 하다
하동 화개 쌍계사 구례 곡성 남원
그리고 지리산이
목판화 되어 둥둥 떠간다

*김명환(1913-1989): 송만갑 임방울 박녹주 등의 명창이 함께 무대 서기를 바랐던 최고의 고수(鼓手, 북잽이)

**역마(驛馬): 김동리(1913-1995)의 1948년 작 소설명.

- 함동선 「섬진강에서」 『한국문학의 100년을 열다』(시문학사 2021) 전문.

시(詩)가 왜 있는가? 하는 물음에 분명한 답을 하고 있다. 이 시를 읽으면 우리가 선계(仙界)에 들어있는 것처럼 탐진치(貪瞋痴)가 지리산 물에 씻겨 내려가버려 "나무 사이를 비집고 들어온 햇살로/ 종이처럼 얇고 깨끗해진다." "너에게 가는 길이 멀기만 하"지만 이 시를 읽노라며, "나는 이미 강"이 되어, 무겁디무거운 세상 근심·걱정이 물 위에 둥둥 떠내려가 버린다.

이 시는 2001년에 도서출판 산목에서 발행된 시집 『인연설』에 처음 실려있던 작품이다. 평설에서 박철희 교수에 의하면 "시 스스로 지리산을 '木版畵'라고 할 만큼 시 자체가 한편의 아름다운 풍경화다. (…) 주변 묘사까지 합쳐 본다면 낭만이 넘치는 풍물

수채화를 연상케 한다." 함동선의 시가 그리는 그림에는 물소리, 북소리, 육자배기가 어우러져 지리산이 목판화가 되어 섬진강 위로 둥둥 떠가고 있다.

(3) 김철교 「지리산 아낙의 편지」 읽기

서방님, 서당에는 아이들 글 읽는 소리 들려요. "이굴레 저굴레 저굴레 이굴레" 낭낭한 목소리로 길지도 않은 삶을 이리저리 칡넌출로 옭아매고 있네요. 저 글 배워 한양에 모여서는 니편내편 따져가며 멱살깨나 잡겠지요.

서방님, 문간방에서는 깔깔거리는 아랫것들 웃음소리 들려요. 과거시험이라니요. 팽개치고 오세요. 그냥 오세요. 왕후장상 촌부도 웃기는 매한가지. 울음소리는 오히려 촌부가 더 맑아요. 이골저골 깔리는 안개 속에 점순이와 돌쇠가 수놓는 사랑노래, 나무를 기르고 새를 돌보잖아요?

서방님, 저 담 밖에서 서동 외치는 소리 들리세요? 문빗장 열어두고 서방님 생각하며 그믐밤 이 몸의 불 끄고 싶어요. 눈감고 코막으면 서방님이나 서동이나 같은 '서'자 돌림아녀요? 양반피 상놈피 왜 따져요. 저승에도 족보가 있답디까?

서방님, 들려요, 들려요. 지리산 등성이가 일어서는 소리 들려요. 언제든 튀어 오를 듯 웅크리고 사람들 하는 짓 두고 보아왔어요. 더 이상 참을 수 없어 땅을 차며 일어서네요. 새로운 세상, 새로운 세상을 보고 싶어서요. 아무런 굴레도 없고 마음껏 울고 웃는 그런 세상

말이어요. 만나서는 껴안고 뒹구는 그런 세상말이어요.

– 김철교 「지리산 아낙의 편지」『뼛속에 부는 바람』
(도서출판 한천, 2002) 전문.

필자는 지리산 섬진강 부근 구례에서 태어났다. 선산이 하동군 북촌면 방화리에 있고 조부님은 섬진강 건너 구례에서 매천 황현의 문하에서 글을 배우셨으나, 경술국치 등 정국혼란 시기에 출사하지 못하고 서당 훈장으로 평생을 보내셨다. 필자의 숙부뻘 되시는 분이 새마을 지도자로 있었던 청학동을 방문한 후 이 시를 썼다.

예나 지금이나 사색당파 등 정치적인 혼란은 그칠 줄 몰랐던 가운데에서도 경제적 발전에 힘입어 우리나라가 2022년에는 세계 6위 강국으로 도약하게 되었다는 뉴스를 접했다. 정치적 혼란에 휩싸였던, 과거 남미의 부국(富國)들이 지금은 부도 위기에 몰려 있는 것과는 달리, 미성숙한 정치환경에도 불구하고 대한민국이 세계 강국의 대열에 당당히 합류하고 있는 것을 보면 대단한 민족이다.

이제 모두가 서로를 용납하고, 평등 · 평안 · 평화로운 세상이 되어, 정치와 예술은 물론 정신적으로도 선진국 반열에 오를 수 있는 세상, "아무런 굴레도 없고 마음껏 울고 웃는 그런 세상, 만나서는 껴안고 뒹구는 그런 세상"이 열리기를 기다리고 있다.

심상옥

시집 『그리고 만남』으로 시 등단(1982), 『한국수필』 수필 등단(1982)
사)국제PEN한국본부 부이사장, 중국중화학술원위원(예술박사), 사)한국현대시인협회 이사, 사)한국시인협회 이사 및 심의위원, 사)한국문인협회 자문위원, 문학시대 기획 상임위원, 계간문예작가회 자문위원, 남촌상생협동조합 심사위원장, 사)한국여성문학인회 이사장 역임 등, 일본 草月조형학교 사범 3급 취득, 대만 실천전과대학, 중국 중앙공예미술대학, 부산대학, 계명대학, 상명대학 강사 역임, 도예 개인전 18회, 국내외 그룹전 30여 회 개최.
수상: 한국문학상, PEN문학상, 노산문학상, 한국여성문학상, 한국수필문학상, 동포문학상, 허난설헌문학상, 제11회 한국인상 문학대상(민주신문주최), 대북시 작가상, 맹자어머니 작가상
시집: 『지금 오는 이 시간』 『미안한 저녁이 있다』 『파파파, 파열음을 내며』 등 6권
영어시집: 『삶이여, 안녕한가?』 『미립을 쇼핑하는 사람들』(아마존 킨들 발행) 등 6권
수필집: 『공간에 색깔 입히기』, 『합주』 등 8권

단순화된 솔숲 사이로

인류가 까마득한 발자취를 남겨오는 동안 소나무의 아름다움을 추구하며 숱한 글을 남기고 있다. 소나무 사이로 내다보이는 자욱한 안개가 멀리까지 뻗친 푸른 숲과 어울려 아름다웠다. 소나무들의 무성한 모습도 펼쳐진 풍경을 더 푸르게 보이듯이, 어떤 정해진 자리에 매여 있어야 제대로 지낼 수가 있다. 솔가지 끝에 매달려 있지 않으면, 줄기와 가지 사이의 겨드랑이에라도 붙어 있어야 한다. 어느 것 하나도 뿌리가 없이는 생겨나지 못한다.

경주현대호텔에 머물면서, 제78차 국제PEN대회에 참석하였다. 이튿날 오전에 시인 3명이 삼릉을 보기 위해 자동차로 산을 올랐다. 이곳의 남산은 신라 천년의 불심이 깃든 곳이다. 수많은 불교 유적이 산재해 있고 화강암의 바위들로 덮여 있다. 신라인의 깊은 신앙심과 예술적 영감이 합쳐져 이루어진 불상들은 숭고한 정신의 산물들이다.

남산으로 들어가는 입구에는 봉분들이 모여 있는 신라 왕릉이 있다. 소나무가 숲을 이루고 있는 오솔길을 이르면 삼릉곡(三陵谷)이 나온다. 이곳은 신라인들이 영산으로 숭배한 지역이라 한다. 어귀에는 목이 잘리고 팔다리가 깨져 나간 여래가 홀로 앉아 수행하고 있는 모습이다. 무성하게 서로 어우러진 소나무들과 뒤엉킨 마른 들풀, 붉은 열매들도 원초적 인상에 강렬한 느낌을 준다.

신라 제8대 아달라왕과 제53대 신덕왕, 제54대 경명왕의 무덤이 한곳에 모여 있어 삼릉이라 부른다. 계곡 어귀에 3개의 능이 있어 삼릉계라 하는데, 계곡이 깊고 찬 기운이 돌아 냉골이라 한다. 이 계곡에는 11개소의 절터와 15구의 불상이 산재되어 있다. 이 부처는 손과 머리가 파손되었으나 몸체가 풍만하고 옷주름이 사실적으로 표현되어 우수한 불상 조각으로 평가받고 있다.

천년의 세월을 지켜온 나무들은 솔숲 사이로 구불구불하게 자라 솔향기가 머리를 상쾌하게 해 준다. 버젓한 가지와 튼튼한 몸통으로 천년의 세월을 지켜내고 견뎌 온 소나무들이 단순화된 그림처럼 서 있다. 소나무 그 자체의 복합성을 그대로 표현하지 않고 마치 그림의 구도처럼 형태와 빛깔을 간결하게 변화시키는 기법과 같이 단순화의 시도는 근대회화로 잘 알려졌다. 고갱은 고흐와 함께 후기인상파를 대표하는 프랑스 화가이다. 그는 인상파 화가들과 교류하며 직접 작품을 전시하면서 화가의 길을 걷기 시작했다. 그의 그림들은 원근법을 무시해 평면적인 느낌이 나면서도 원색을 사용하여 강렬한 느낌을 주는 것이 특징이다. 한때 문명화된 곳에서의 생활은 그를 만족시킬 수 없었다. 결국 원시의 생명력을 찾아 타히티섬으로 갔고 거기에서 그의 예술세계는 절정을 맞았다.

보스턴 미술관 소장품인 유화그림 '우리는 어디서 왔고, 어디에 있고, 어디로 가는가'를 그릴 무렵 고갱은 곧 죽을 것이라고 생각하면서 거친 삼베 위에 그림을 그렸다. 그가 살아 있는 동안은 대중으로부터 큰 호응을 얻지 못했다. 타히티섬 원주민들의 소박하고 일상적인 풍경이 고갱 특유의 단순화한 구도로 그려져 표현된 것이 독특하다.

그는 인상파의 그림에 싫증을 느껴 단순화한 색채와 뚜렷한 선, 특이한 색조로 독자적인 화풍을 이루었다. 남태평양의 타히티섬에서 원주민의 때묻지 않은 인간성과 열대의 밝고 강렬한 색채로 자신만의 작품을 완성했다. 나무들 사이로 작은 강이 흐르고, 그 위로 다른 섬의 산들이 희미하게 솟아 있다.

고갱은 갓난아기로 태어나 죽기까지의 자신이 무엇인지에 대해 명상한다. 살면서 더 많은 삶을 추구함이 자신의 욕망이다. 우리는 어디로 가는가를 창백한 얼굴과 백발만 보더라도 죽음을 알 수 있는 메시지가 느껴진다.

오르는 입구에는 수령이 천여 년이 된 노송들이 제 허리를 틀고 멋지게 뻗어 있다. 솔숲 사이로부터 거목이 하늘로 치솟은 모습이 장관이다. 기후 탓인지 솔숲이 푸르다 못해 검게 보인다. 삼릉에서 다시 중턱으로 오르니 하늘을 찌를 듯 솟은 노송(老松)이 온 산을 메운 듯 울창하다.

쭉쭉 뻗은 장송(長松)의 푸른 잎, 곡송(曲松)의 고색창연한 모습이 태고의 세월을 이는 듯 신비감을 자아낸다. 삼릉의 정상을 오르는 길목에는 굵직한 나무들의 줄기가 하늘을 떠받치고 있다. 어떤 나무는 바위를 끼고 뻗어 올라가기도 하여, 땅 가까이에 늘어져 기괴한 모습을 하기도 한다. 나는 소나무와 삼릉 틈에 서 있어 보았다. 가느다란 소나무에서 굵은 것까지 뻗친 푸른 숲과 어울려 신비스러웠다.

먼 하늘을 향해 뻗은 나무들은 고갱이 원시의 생명을 찾아 타이티섬에서 예술의 절정을 맞았던 세계로 떨어지는 느낌이다. 내려와서도 솔잎 사이로 불어오는 미풍이 삼릉의 중턱에 서 있는 듯이 내 귓전을 울린다.

양귀비의 전족

캐나다의 로키처럼 신비하고 불가사의(不可思議)한 것이 없다. 새삼스럽게도 알 수 없는 것이 로키의 정체요, 풀 길 없는 것이 로키의 신비이다. 거울같이 고요하다가도 험난한 표정이 되면 인간은 그 앞에서 속수무책이다.

수평선은 광활무애(廣闊無碍)한 하늘로 이어져, 오직 경외(敬畏)로울 뿐이다. 수많은 호수들은 나의 눈과 귀에서 출렁인다. 끊임없는 울부짖음과 거대한 침묵이 로키로 살아 움직인다. 그 로키 앞에 서서 잘난 체하는 것이 얼마나 왜소한가를 느낀다.

우리는 미니맨을 타고 로키에서 벤쿠버로 넘어왔다. 이 도시를 이루고 있는 거리들은 랍슨스트리트과 워터스트리트, 그리고 그랜빌 아일랜드와 차이나타운을 이룬다. 이 거리들이야말로 마치 작은 유리 조각처럼 각기 개성 있는 색채로 밴쿠버라는 도시를 만들었다. 만년설로 뒤덮인 산들을 배경으로 하늘을 찌르는 빨갛고 파란 스카이트레인의 두 줄무늬가 밴쿠버를 한층 아름답게 한다.

랍슨과 그랜빌스트리트를 축으로 한 도심이 현대 캐나다를 대표한다면 가스타운은 옛 캐나다타운 지역이었다. 우리들은 차이나타운 쪽으로 갔다. 희귀한 중국차와 갖가지 한약재의 향내, 통째로 구운 오리에 이르기까지 물건을 사려는 사람들과 팔려는 사람들의 외침이 섞여 격렬한 삶의 열기로 붐볐다.

우리는 다시 스탠리공원으로 갔다. 이 공원은 다운타운 바로 북서쪽에 위치하고 있다. 천 년 된 거목을 포함한 원시림과 장미원, 미니골프장과 토템풀이 있다. 이 공원은 인디언의 소유지로 정부가 영구적으로 빌린 땅이다

주변은 진한 옛 중국의 색채를 더해주고 있다. 이곳에 모여든 중국인은 서부개척 시대의 포장마차 행렬처럼 그들의 터를 닦기 위해 모여들고 있다. 수많은 중국인들 속에 보기 드문 전족을 지닌 노파도 보였다. 이 노파의 발은 10센티 정도의 크기밖에 되지 않는다. 걸음걸이가 금방 쓰러질까 위태로우면서도 종종걸음을 하고 있었다.

전족은 여성이 갓 태어났을 때부터 비단으로 발을 감아 오그라뜨리는 풍습이다. 그 전족을 보면 가혹하다는 생각이 들었다. 이러한 전족시술은 실로 잔혹하고 비정한 것으로써 남성의 생식기 절제와도 맞먹는 것이다. 이 시술은 발가락 둘째 마디 이하의 발가락 관절을 발바닥에 닿도록 구부려 놓고 천으로 얽어매 버린다.

절세의 미녀였던 양귀비의 전족은 지방분이 가득 고여 윤기가 흐를 뿐만 아니라 부드럽고 살집이 좋으며 모양도 뛰어나게 아름다웠다고 한다. 비단신을 신은 모습이 활과도 같이 휘어져서 마치 연꽃 위를 걸어가는 듯했다고 한다. 그리고 그녀의 발은 언제나 붕대와도 같은 천으로 감겨 있었다. 천을 풀었을 때는 꿀을 바르고 향수를 뿌려 단장을 시켰다. 신발에는 향을 피워 냄새를 제거했으며 금은이나 보석, 연꽃이나 모란꽃으로 정성을 기울였다.

이 시대 중국 규방녀들은 성기를 두 개를 갖고 있었다. 선천적인 여성기와 후천적으로 만들어진 전족을 말한다. 현종은 양귀비의 사랑스런 전족 때문에 넋을 잃었다. 그러니 천하의 세력은 양귀비의 손아귀에 있었다. 아무튼 양귀비는 전족의 매력을 지녔기에 나라를 기울게까지 하였다.

나는 이 스탠리공원에서 당시 양귀비가 지냈던 모습을 상상하며 곳곳에 산재한 토템폴로 갔다. 삼나무에 새겨진 토템폴들은 안개 같은 자욱한 공기에 싸여 꿈속처럼 아름다웠다. 그러나 인생의 영고성쇠를 바로 이들이 보여준 것 같아 쓸쓸하기만 했다.

모차르트카페에서

우리 생활에 있어서 산과 인간의 관계는 긴밀하다. 태고 때의 산은 신과 신비한 피조물들이 거처하는 금단의 공간으로 여겨왔다. 조상들은 특정한 산을 선정하여 영산(靈山)이라 하였다. 예부터 영산은 도교를 신봉하는 신자들에겐 신선이 장수를 누비며 사는 곳이며, 시인과 화가에게는 영감의 원류이기도 하다. 알프스산 역시 세계 질서의 규범으로 받아들여서 인간생활에 유익한 자연의 혜택지로서 유럽의 도요지가 탄생되었다.

나는 3년 전 가을, 알프스산의 뒷모습으로 보인 비엔나에 도착하였다. 비엔나는 알프스와 더불어 호수면에 그림자가 드리워져 있는 모습이 아름답다. 그리고 알프스의 만년설을 비추고 있고, 백조가 무리 지어 놀고 있는 곳에서 유람선과 요트가 한가하다. 호수 주변에는 산책길로 다듬어진 가로수와 예술인들이 사는 집이 있다. 베란다에는 꽃이 장식되고 크고 작은 정원이 보였다. 사계절이 백설인 알프스 봉우리는 4천 미터 이상이 되는 것이 20개나 있다.

깊은 역사를 말해 주듯 서 있는 건물도 차분한 분위기를 자아낸다. 음악의 역사를 간직한 채 조용하게 펼쳐진 거리에는 전원의 숲을 거닐고 있는 사람들의 소박한 표정이 고전 음악과 더불어 합스부르크 왕조의 영광을 느끼게 한다.

나는 2백 년 동안 숨 쉬고 있는 모차르트카페로 갔다. 사방으로 장식된 커피세트와 식기류 접시들이 피아노 선율에 따라 한층 화려해 보이며 이러한 실내장식이 돋보인 곳에서 홍차를 마셨다. 장식된 자기들은 동구권(東歐圈)에서도 가장 이름이 알려진 헤렌드요장에서 구운 주전자와 찻그릇, 식기들이었다. 이 카페는 비잔틴양식으로 건물이 고풍스럽고 정원도 아름답게 꾸며져 있으며 고전음악이 흘렀다. 아직도 번화가는 중세 때의 모습 그대로 남아 있었다. 흰 말이 끄는 마차에 타고 다니는 사람들을 보며 마치 중세의 귀족들을 보는 느낌이다.

서양도자의 흐름은 다양한 도예세계를 지니고 있다. 흙과 불의 도예는 그 기원에 있어서 단순히 실용성뿐만 아니라 형과 장식을 시문해서 풍부한 예술작품을 만들어 냈다. 로마시대로부터 중세와 근세를 통하여 다양한 도자기가 구워지고, 왕족과 귀족에서 서민에 이르기까지 생활을 장식해 왔다. 유럽은 알프스를 경계로 하여 남유럽과 중부, 북유럽과는 풍토와 민족이 다르고 문화에도 큰 차이가 있다. 사람들의 생활 감정과 밀접한 관계를 갖는 생활자기들은 다양하고 매력 있는 도예세계를 낳는다. 뱀과 도마뱀을 부조(浮彫)한 큰 접시를 만든 도예가 빠릿씨와 18세기 마이센의 조각가 켄드라 등이 개성을 창조한 서양 도예의 중심이었다.

그리스에서는 기원전 6세기부터 5세기에 걸쳐서 흑(黑)그림 문양과 적회(赤繪)문양, 흰 바탕의 향료단지 등이 뛰어난 도기로 만들어졌다. 장식은 신화와 전설을 설명하기보다 오히려 신화를 통하여 복잡한 인간 감정을 표현하였다. 특히 흰 바탕의 향료 단지는 묘지에서 사자(死者)의 슬픔을 그린 것으로 그 정경은 보는 이로부터 슬픔을 일으켰다. 중세에 걸쳐서 누르기형의 부조장식이 있는 갈색 도기가 알프스를 넘어서 독일과 영국에까지 전파되었다.

16세기 중엽, 이탈리아의 르네상스문화가 알프스를 넘어 유럽 전역을 석권했다. 1710년에 마이센 왕립도자기제작소가 창립되었다. 약 3백 년 동안 마이센요장은 유럽 제일의 요장으로 오늘에 이르고 있다. 9년 뒤, 자기소성의 비법이 오스트리아의 권력자에 의해서 비엔나요장으로 개설되었다. 이 요장은 왕립비엔나요장으로서 1862년까지 존속했다. 그러다가 동구권에서 유명한 헤렌드요장에서 비엔나요장의 전통을 이어받게 하였다. 그 후 영국황태자와 다이에나비의 약혼 선물로서 이 헤렌드의 도기가 만들어졌다고 한다.

이 헤렌드요장은 유럽의 왕족과 부호들로 이뤄진 수많은 고객들에게 애용되어 왔다. 1826년 창립 당시 헤렌드요장은 수도 비엔나에서 화려하게 이름을 떨치고 있었다. 그때의 비엔나는 유럽의 정치와 문화의 중심지이고 서양과 동양문화가 서로 접하고 있는 곳이었다. 그 속에서 성장한 헤렌드요장의 특색은 도시적인 개성과 명쾌함을 갖추고, 고전적이면서 그 테두리를 초월한 자유로움과 다양성을 갖고 있다. 이 요장은 다른 유럽의 유명한 요장에 비해 역사는 짧지만 새로운 것을 창조하려고 하는 자세와 지고(至高)한 기술이 느껴진다.

모차르트카페에 진열된 헤렌드요장의 커피세트에 꽃과 새, 과일의 문양이 선(線)그림으로 세심하게 그려져 있다. 그 위에 작은 면에서도 윤곽에 벗어나지 않도록 채색되었다. 여기에 있는 그릇들은 모두가 손으로 그린 문양들로 똑같아 보였지만 모두가 다른 필치였다. 두 개를 비교하여 보지 않으면 모를 정도로 다르게 그려진 기술이 대단하였다. 도공이 그린 그림은 교묘한 기술을 지님으로 이 요장에서 자랑으로 꼽힌다. 이러한 도공들은 마스터페인트사라고 불려졌다. 수백 년을 지난 현재까지 헤렌드요장만이 전하고 있는 귀한 도공들이다. 그들은 자신의 작품마다 이름을 직접 사인한다.

나는 비엔나를 다녀와서, 헤렌드요장의 마스터페인트사가 신비에 싸인 채 미지의 세계로 다가옴을 느꼈다. 그렇지만 나는 언제나 혼자라는 생각에 잠기곤 한다. 치열한 경쟁 속에서 두려움을 느끼면서 나의 뒷모습으로 향한 곳에서 내 길을 걸어간다.

인간 악기처럼

현대 미인은 늘씬한 키와 가는 허리, 둔부가 커야 한다. 그러나 밀로의 비너스상은 개미허리를 선망한 것이 아닌 굵은 튜브형 몸매였다. 클레오파트라와 양귀비, 마릴린 먼로도 날씬한 허리라고는 하지 않는다. 인간에게 있어서 성행위는 비밀스러운 것이다. 그러나 어느 것보다도 궁금증과 호기심을 불러일으킨다. 이성은 인간을 새롭게 탄생시키며 매혹적인 것이어서 사람들이 그 유혹에서 헤어나지 못하게 한다.

우리의 전통사회에서는 여자를 볼 때 허리가 굵으면 복과 녹이 따른다고 한다. 섹스산업이 발달된 사회에선 가슴과 둔부가 큰 여성이 미인이다. 그러나 조선시대 여성은 한복으로 조여 매야 했으며 가슴이 큰 여자는 품위 없는 여성으로 취급을 받았다. 고대 이집트의 쿠후왕은 딸들을 거대한 피라미드 건설을 위해 돈 많은 여행자들에게 몸을 주게 하였다.

사철 피어나는 꽃들이나 나무도 색들이 천차만별이다. 조선은 색채적으로 다른 나라에 비하여 단색적인 소박성이 보이는 것이 특색이다. 삽화의 배색은 형과 색, 질의 삼요소로 이루어져 상호 관계를 맺는데, 소재뿐만 아니라 화기와의 관계, 배경과의 관계가 서로 얽혀 전체적인 조화를 이루어야 한다. 민화 중에서도 무속화는 다섯 가지의 짙은 색깔들이 사용되는데 색상의 대비와 조화, 균형과 비례가 이해하기 힘든 멋을 부리고 있다. 한 부분을 돋보이게 하기 위한 보색과 대비색을 대담하게 사용한 것이다.

조선인들은 감정의 아름다움을 알았으며 밝은색을 좋아했다. 특히 흰색을 사랑했는데 빛에 민감하여 밝고 어두운 변화에 주의를 기울였던 것이다. 그들은 대상의 색깔보다 그림 안에서의 색의 질서를 세우기 위해 주관적인 색의 가치를 더 중요시했다. 흰색, 검은색, 파란색, 빨간색, 노란색의 다섯 가지 색 중의 어떤 한 가지의 색을 주제로 하면서도 색의 변화를 추구하고 있다. 방안의 빛을 생각해서 색을 짙게 쓴 경우가 많았던 점으로 미루어 보아 그 당시 삽화의 배색에 있어서는 반대색을 적절히 강조해서 전체의 조화를 찾았던 것 같다.

목단은 꽃의 호화스러운 생김새로 중국에서는 화왕(花王)이라고 칭송되어 부귀의 상징이 되었다. 조선조의 목단도에 그려진 삽화는 탐스러운 꽃송이를 사실적으로 표현하였는데 목단꽃과 꽃잎이 화려하게 채색되어 있다. 소재뿐만 아니라 화기와의 관계, 배경과 관계에서 노란색과 파란색을 사용하여 대비로서 조화를 이루고 있다. 꽃과 꽃잎의 색은 유사한 색의 조화로 조형적인 효과를 내고 있다. 화기에 꽂아진 삽화(揷花)는 균형미를 이루며 우아하다. 그러면서 화려하고 세련된 미를 주면서 인상적인 효과를 일으킨다.

선사시대의 여성들의 나상은 풍만한 육체를 통해 성적인 쾌감을 얻을 수가 있었다. 인간의 사랑은 원초적으로 큰 원이 육체에서 싹터왔다고 한다. 고대 이집트와 그리스, 메소포타미아에 이르기까지 이와 같은 미의 여신상이 태어났다. 이집트에서는 이시스의 여신, 그리스의 비너스여신, 바빌로니아의 미리타 여신이 그러하다. 그리스 사람들은 인간이 중심이 되어 자연적으로 그런 사상을 갖게 하였다.

밀로의 비너스는 여인의 아름다움을 한 측면만으로 나타내지 않는다. 그 비너스상은 존재 자체로 하여 미와 영원을 이룩하였으며 바로 최고의 이데아를 실현하였다. 두오모 광장 중앙에는 오페라의 전당 스카라극장이 있다. 이곳은 모든 성악인이 동경하는 무대이며 유명한 마리아 칼라스가 대성공을 거둔 것이었다.

그녀는 아름다운 노래뿐만 아니라 신비적이며 오묘한 모습으로 많은 일화와 더불어 비너스처럼 추앙받았다. 오뚝한 코와 신비적인 커다란 눈, 부드러운 입술에서 우러나는 오묘한 미소가 고대 그리스의 여인상을 닮았다. 모나리자의 신비한 미소가 정적이라 한다면 칼라스의 신비는 다이내믹하기에 더 큰 감동을 준다고 한다. 음악사에서 그녀만큼 청중을 열광시켰던 음악가가 또 있을까 싶다. 그녀의 소프라노는 고귀한 영혼의 현을 퉁겨서 울리는 인간 악기처럼 느껴졌다.

비너스상을 생각하면서 흙을 만지고 있으면 문득 떠오른다. '만든다'는 것은 진실을 건져내는 작업이라고, 화기는 조각과 같이 파기도 하고 그림과 같이 그리기도 한다. 어렴풋한 영상에서 실존을 끌어내는 점이 조선조의 목단도에 그려진 삽화와 동일하다. 이는 도예의 기초적인 모습이기도 하다.

내일처럼 살라고

첨단 과학 시대가 되어서 모든 것이 기계적으로 처리가 되어 나가지만, 인간성을 잃을 수는 없다. 우리 사회에는 부도덕한 일을 곧 잊어버리는 경향이 있다 더불어 살아가자는 마음은 뒤로하고 탐닉에만 빠져서 한 치 앞을 내다볼 수 없다. 강화의 여름은 열풍이 불고 복중과 같은 무더위이다. 마니산 정상으로 향하는 참성단(塹星壇)의 모습도 동화 속의 유리성처럼 단군이 개국 당시 지상에서 중심의 핵지로 표시하여 놓았던 곳이다. 그런 강화에도 밤나무꽃이 하얗게 피고 다람쥐가 하늘을 뛰며 가을 속으로 성큼 다가온다.

단군이 개국 당시 지상에서 중심의 핵으로 표시하여

놓았다.

어제는 감사의 제천을 올렸다고 오늘은 바위벽에 부딪쳐 들리는 묘한 울림. 어제보다 나은 오늘이 나와 함께 회오리바람 되고자 한다. 어제는 어머니의 사랑이 생명수와 같이 끊이지 않고 흐르고 오늘은 보다 나은 내일 앞에 갖가지 괴석들이 막아선다. 칡덩굴이 엉켜 험난하기만 하지만 내일처럼 살라고 산세의 수려함 보란 듯 이곳에서 수필가 조경희를 기린다고 한다. 조경희수필문학관 사이로 나를 끌어당기리 언젠가 미풍이 나를 흔들었던 적 있다.

강화 신원면에 있는 밤나무 동산이 마니산 아래로 솟구쳐 올린 언덕으로 이루어져 있다. 때로는 바위벽에 부딪쳐 들리는 묘한 울림도 봉우리 사이에 운해가 회오리바람이 되어 둥글게 감싸면서 돌았다. 남쪽으로 뻗어 내린 산자락을 바윗돌로 겹겹이 에워싼 이 마니산은 여성의 자궁 모양을 하고 있다고 말한다. 후대에 와서 그 자리를 마니라고 한 곳은 지상에서 성스러운 곳이어서, 선인들이 어머니의 사랑이 생명수와 같이 끊임없이 흐르며 포태지로서의 중심이라고도 할 수 있다.

이 산의 정상으로 오르는 길에 전나무들이 무성하다. 길섶에는 기암괴석들과 칡덩굴이 엉겨 있어 험난하기만 하다 한고비를 넘으면 다시 길이 나오고, 갖가지 괴석들이 막아선다. 이곳 산세의 수려함은 선경(境仙)을 방불케 한다. 조선조의 왕위 세습은 장자가 정통으로 물려받은 경우가 적었다. 문종 2년, 단종 3년, 인종 1년 등 명종까지 4명뿐이다. 풍수지리 학자들은 왕위 세습이 장자로 이어지지 않는 이유는 삼각산이 북으로부터 곧게 남으로 뻗어 내려오다가 끊어지면서 빗나갔기 때문이라고 한다. 그래서 장손보다는 차손이 잘 된다고 풍수설을 말한다.

조선조 때부터 강화 섬은 유배지로 되어 왔던 곳이다. 당시 강화 유수(留守)가 8세인 영창대군이 강화도에 유배된 거처를 찾아가서, 어린 영창을 연사흘 동안 방에 불을 때어 죽게 하였다. 그 후 인조는 명을 내려 광해군과 그의 왕비 유 씨, 그리고 동궁과 생모 박 씨까지 강화로 귀양 보냈다. 이렇듯 강화는 왕조 역사가 파란만장하던 곳이다. 우리 겨레는 백의민족이라 한다. 그리고 우리가 먹는 쌀도 백미였다 유일하게 흰옷 입기를 좋아하고 흰 쌀밥 먹기를 좋아하는 배달민족의 종주지(宗主地)로서의 천손임을 말하는 것이기도 하다.

마니산에 자란 몇 그루 박달나무는 아무도 보아주는 이가 없고 알아주는 이도 없다 남몰래 자라고 있을 뿐이다. 이 나무의 모습은 단군의 부인이신 비서갑신모(菲西岬神母)로 비유하고 있다. 박달나무에 피는 꽃은 고결하여 숭고한 꽃 중의 꽃이다. 꽃은 네 잎으로 백옥같이 희고, 질서정연하여 그 많은 꽃송이가 모두 하늘을 쳐다보고 있다. 꽃이 지고 열매를 맺는 모습도 하늘을 향하고 있어서 천지화(天指花) 또는 환화(桓花), 단화(檀花)라고 하였는지 모른다. 생김은 딸기와 같으며 크기는 알이 도토리만 하고 꼭지는 4센티나 되는 열매이다.

『단군세기』의 기록에 의하면 삼신제(三神祭)를 올리던 마니산과 태백산에는 환화가 자생하고 있다고 한다. 그 옛날 사람들이 식수(植樹)한 것으로 짐작이 간다. 「단군위나(檀君慰那)」 때의 기록을 보면, 모든 제한(諸汗)들이 모여 삼신상제(三神上帝)에게 제사를 지냈다고 한다. 단군홀달(檀君笏達) 때, 그 당시 소도(蘇塗)를 많이 설치하고 천지화를 심었는데 이때 미혼 자제들이 국자랑(國子郞)으로 나갔다고 한다. 이들이 머리에 천지화를 꽂고 다녔는데, 이것을 보고 천지랑이라 하였다. 천지화의 꽃이름은 박달나무를 뜻하고 있다.

강화도의 들과 산은 풍요를 자랑한다 마니산의 박달나무는 바위와 더불어 자라고 있다. 위로 백두산과 한라산의 중앙에 위치하면서 어머니의 품 같은 역할을 하는 것이라고도 한다. 가로등 아래 밤나무의 꿈에서 당신과 나누는 이야기도 두 사람을 더 가깝게 이어줄 것만 같지만, 마니산이 신비에 싸인 채 미지의 세계를 안고 내게로 다가옴을 느꼈다. 흰 꽃으로 둘러싼 푸른 산과 계곡의 위로 코로나19 시대의 위기를 기회로 바꿀 전략은 무엇인가 그렇지만 나는 언제나 혼자라는 생각에 잠기곤 한다. 치열한 경쟁과 각박한 인정 속에서 두려움 같은 것도 느낀다. 하지만 이렇듯 만사에 나약하면서도 내 길을 혼자 걸어간다.

생각의 눈

2008년 5월, 시카고를 향하여 우리 부부는 딸과 함께 센트루이스에 사는 오빠 집에서 아침 식사를 마친 후 자동차로 출발하였다. 시내를 벗어나자 옥수수밭이 나온다. 거의 5시간 동안 계속 달려도 옥수수밭만 전개될 뿐이다. 하이웨이에는 차가 많이 다니고 길가에는 현대적인 빌딩과 간이식당이 이따금씩 보이자 시카고의 초입에 이른다. 마천루를 경쟁하면서 조화를 이루는 시카고는 살아 있는 공간으로 느끼게 한다.

100년 전에 만든 수많은 건축물들이 높고 단아하면서, 현대의 멋스런 모습을 갖춘 시카고는 생동감을 느끼게 한다. 그 속에 우리 가족들의 숨결을 느끼게 해주는 현대건축의 메카인 미적 작품은 도시를 더욱 빛나게 한다. 그러나 고층 빌딩 사이로 미시간호에서 다가서는 강한 바람은 우리들의 옷깃을 여미게 하는 찬 기운이었다.

여유와 낭만이 흐르며, 무성한 숲과 집집마다 잔디가 깔려 있는 주택들이 솟아오른 빌딩과 함께 아름다운 풍경을 만들어 내고 있다. 현대와 과거의 건축물이 미시간호 풍경과 더불어 생활 속에 현실을 깨우쳐 주기에 살아 있는 전시 공간으로 여겨진다.

우리는 미시간호수를 마주하고 있는 밀레니엄공원 인근 주차장에 차를 세워두고 박물관과 시어스타워, 크루즈 출발지까지 걸어 다녔다. 밀레니엄공원에 설치되어 있는 아니쉬 카푸어의 조각은 110톤짜리 초대형 스테인리스 스틸로 만든 것으로 구름문이 공원 한복판에서 빛을 반사하는 거울처럼 나를 비추며 명상적인 생각의 눈으로 바라보게 된다.

길이 20미터와 높이 10미터에 달하는 커다란 강낭콩 모양인 구름문의 조형물이 주변의 환경과 보는 위치에 따라 서로 다른 모양으로 변하고 있다. 비치는 상들이 보는 나를 비추진 않지만, 내가 상대편을 보고 있는 모습들이 고정관념의 틀을 부숴버리고 있다. 볼록렌즈와 오목렌즈에 비친 다양한 모습처럼 변화무쌍하고 신비스럽다. 우리 가족들이 금속성의 반구 안에 가까이 갈수록 세상은 거꾸로 보였다.

착시효과를 일으키는 현실과 미지의 세계에 놓여 있는 구름문은 하늘과 구름도 담아내고, 수백의 상들을 만들어 내는 모습으로 착시효과를 일으킨다. 현실과 미지의 세계에 우리가 있다. 건물을 관통하는 빛에 의해 나도 거꾸로 있고 그 옆에 있는 가족들도 거꾸로 보였다. 이 조각품에 다가가면 갈수록 앞에서 본 커다란 알루미늄거울과 같이 나를 다른 세상으로 인도한다. 그러면서 현실에 있는 모든 것이 어울리는 것을 느낄 수 있었다. 보는 각도에 따라 하늘과 빌딩들의 배경과 보는 사람이 다른 형태로 일그러져 보였다.

애니쉬 카푸어는 힌두교의 가정에서 성장한 인도인 아버지와 이라크에 거주하는 유태인 어머니 속에서 성장했다. 그리고 영국 성공회 서구의 경험 속에서 문화적인 혼란을 몸으로 겪었다. 그는 청년기까지 다양한 종교와 문화, 인종적 체험을 느끼고 겪었으며 세계가 서로 양립할 수 있는 대립적 관계를 그의 조각품에서 표현했다. 이러한 다양한 문화적 경험에서 오는 혼란과 마음속의 갈등은 그를 정신분석 치료까지 받게 했다. 이것이 그가 조각을 표현하는 중심이었다. 구름문의 조형물에서도 물질의 안과 밖, 보이는 것과 보이지 않는 것에 대한 경계를 일깨우고 있었다.

구름문은 시시각각으로 변하는 주변의 환경과 보는 위치에 따라서 서로 다른 광경을 나타내 주고 있다. 사물을 한 방향에서만 바라보지 않는 카푸어의 시각은 고정관념을 지닌 어느 조각가보다도 자신만의 세계를 잘 나타내고 있었다. 빛을 반사하는 거울처럼 관람객을 비추면 명상적인 기운을 불러일으킨다. 그는 조각이라는 물질을 통해 비물질의 부분을 나타내어 신비로운 구름문의 조형물을 낳은 셈이다.

그랜드공원 안에 위치한 밀레니엄공원은 건축물과 구름문조각품, 검정 화강암으로 된 스크린이 설치되어 있다. 천 명의 시카고 시민의 표정 애니메이션과 자연 경치가 번갈아 나오고 있다. 시민들의 얼굴 모습이 영상을 통해 다양한 나이와 인종, 문화가 공존하는 시카고라고 여겨졌다.

첨단 과학시대가 되어서 모든 것이 기계적으로 처리가 되어 나가지만, 인간성을 잃을 수는 없다. 더불어 살아가자는 마음은 뒤로하고 탐닉에만 빠져서 헤어나지 못한다. 한 치 앞을 내다볼 줄 모르는 생각의 눈은 우리의 생명이 희생당한 것만이 아니다.

서로 공존하면서 선의의 경쟁을 해야 하는데 부도덕한 일로 일관된다. 그러면서 따지는 것보다는 모르는 척 덮어두는 사람이 처세에 능하다고 한다. 우리네 주변에는 앞뒤 생각 없이 말하는 사람들로 차 있다. 이러한 사람들이 사회를 어지럽힐 뿐만 아니라 짜증이 나게 한다.

부드러운 파스텔 색조로

스페인은 다양한 문화 속에서 조화를 추구하는 창의성으로, 각 지방마다 독특한 디자인과 상품이 눈길을 끌고 있다. 품질과 디자인 면에서 명성을 얻고 있는 도자기 예술 또한 세계적으로 인정받고 있다.

톨레도의 탈라베라 데라 레이나 도자기와 도자기인형 야드로도예, 안달루시아 지역의 타일공예품은 유리공예와 밀접한 관련을 맺으면서 독특한 아름다움을 자아내고 있다.

1989년 2월, 파리에서 제15회 개인 도예전을 가진 바가 있었다. 검은 신들로 구성된 12점이 이도다완이라는 특성에 뿌리를 둔 이미지로 만든 것들이다. 나는 전시 기간에 화랑 주인과 함께 스페인의 마드리드에 갔다. 그

후 2005년 5월에 남편과 함께 미국에서 공부하고 있는 딸을 만나본 후 다시 스페인을 여행하였다.

스페인 도예는 유럽 전역에서 영향력이 크다. 수많은 사람이 민속적인 공예의 맥을 이루고 있으며, 파블로 피카소와 프란시스코 고야, 살바도르 달리 등 거장이 배출된 곳이었다. 이들은 고전 그리스문화를 발전시키는 데에 기여하였다. 그리고 아랍문화와 유럽문화가 섞여 스페인의 독창적인 도예가 형성되었다.

톨레도는 마드리드에서 남쪽으로 80킬로미터 거리에 있는 2천년 된 고도(古都)이다. 삼면이 타호강으로 둘러싸여 있으며 중세의 분위기가 아직도 남아 있는 도시로, 화가 엘 그레코가 죽을 때까지 40년을 살면서 명작을 남긴 곳이다. 이곳은 기독교와 이슬람교, 유대교가 오랜 세월 동안 공존하면서 서로 융화되어 독특한 문화를 형성했다. 언덕 위에 세워진 이 도시는 스페인의 역사를 압축시켜 보여주는 듯 도시 전체가 살아 있는 하나의 박물관 같았다.

톨레도에서 생산되는 요업제품들은 14세기부터 판매되어왔다. 이 도자기들의 색상은 뚜렷하며, 고딕과 르네상스 양식의 영향을 받았다. 그리고 여러 문화에서 각 민족이 가지고 있는 정체성을 지키며 조화를 이루고 있다. 미로처럼 얽힌 골목은 차가 한 대 들어올 때마다 몸을 세워 비켜줘야 할 만큼 좁았지만 정겨웠다.

톨레토는 옛날처럼 좁고 복잡한 거리지만 장구한 역사를 만드는 분위기가 감동을 자아낸다. 이곳의 햇빛은 머리 위로 바로 찌르듯이 뜨거웠지만, 가파른 언덕 위의 집들이 햇살에 바랜 듯한 황갈색으로 물들어 있다. 좁은 골목에는 나귀가 다니고 있었다. 탈라베라에서 만든 도자기를 수레에 담고 걸어가는 모습이 고장 난 시계처럼 헐벗은 황토색 땅 위에서 고요와 정적으로 신비감을 준다.

골목마다 전쟁과 관련된 제품을 파는 상점 옆에, 야드로에서 만든 도자기인형이 진열되어 있다. 이슬람의 영향을 받았지만 현대적인 감각으로 최대한으로 늘린 것 같은 얼굴과 몸의 형태에서 매력이 느껴진다. 도자기인형은 유명한 조각가들이 만든 스페인의 핸드메이드이며 명품으로 알려져 있다. 도자기 기술을 예술로 승화시킨 조각품이다.

야드로 삼 형제는 스페인의 농부 가정에서 아버지와 함께 농사를 지으면서도 자신의 집에 가마를 쌓아서 인형도자기를 만들기 시작했다. 1960년 공장을 확장하여 10년도 채 안 되어 도공 1천5백 명 이상 규모의 공장으로 성장했다. 고전적 인간의 모습과 동물의 세계, 새와 항아리 등은 대표적인 생산품이다. 인형의 부드러운 표정과 희미한 색채는 많은 사람들에게 인기를 누리고 있다. 제품 생산이 끝나면 원형을 없애버려 소수의 제한된 작품을 구입한 사람들로 하여금 어떤 특권을 갖게 한다. 야드로 가족

중 한 명의 사인이 들어간 품질보증서를 받게 된다고 한다.

야드로는 인간과 자연의 모습을 완벽하게 표현해 주는 예술의 경지에 이른 조각가이다. 부드러운 파스텔 색조로 낭만주의 운동을 동화시켰다고 한다. 도자기로 만든 꽃을 야드로 형제가 첫 단계로 만든 예술 표현이었다. 섬세한 자기 모양은 우아한 아름다움으로 창조되었다. 각 작품마다 나타나는 표정에 공포와 침묵, 사랑과 희망이 묻어 나온다.

안달루시아 지역에서 나온 타일은 푸른색의 염료만을 사용한 타일로 화려한 느낌이 든다. 이슬람 도기의 영향과 스페인풍의 의장으로 만들어진 속에 여러 민족과 문화가 융합되어 있다. 과거 로마 시대와 아랍인의 지배 때부터 내려온 마졸리카 도기 기법과 양식에 현대적인 발상이 조화를 이룬 것으로 볼 수 있다.

유럽의 근세 도기는 14~15세기 스페인에서 시작한 주석유약과 색 그림이 이탈리아에 전해져서 마졸리카 도기로서 발전되었다. 16세기 이후 알프스 이북에 전파되어 파이앙스 도기라고 불리었다. 18세기부터 약 3백 년에 걸쳐서 소성(燒成)되어 계속한 것이다.

광장에서 집시들이 웃음꽃이 피어나는 얼굴로 자유롭게 춤을 추며 정열적인 축제를 즐기고 있다. 나는 스페인에서 집시들이 살아가는 모습을 바라보면서, 신비적인 상상을 했다.

철조망 그 너머에

어제의 적이요 원수이던 러시아와 중국, 그리고 일본이 한 세기 안에 오늘의 동지가 된 20세기가 가고 있다. 처참한 모습으로 물 위로 떠오른 두 동강 난 천안함은 우리가 어떤 상황 속에 있는 나라이며, 어떤 처지에 있는가를 새삼 되씹어 보게 한다.

구정 연휴 때, 나는 동해 뱃길로 금강산에 다녀왔다. 굳어진 얼굴로 장전항 부두에 첫발을 내디뎠다. 이곳은 북한 해군의 최전진기지이지만, 무겁게 가라앉은 잿빛 항구가 태고처럼 무섭게 느껴졌다. 검게 녹슨 북한 어선에 쭈그려 앉은 무채색의 어부들과 더불어 주위가 온통 회색빛이다.

주체를 의식해야 하는 남한과 폐쇄된 북한의 비극적인 상황을 생각하면서 나는 금강산 가는 배를 타고 있다. 장전항에서 온정리로 가는 길을 따라 양편으로 철조망이 쳐져 있다. 일정한 간격으로 북한 병사들이 권총을 찬 채 부동자세로 서 있다. 나무토막처럼 굳은 표정으로 버스만 응시하고 서 있는 앳된 군인들의 모습은 아무리 손을 흔들어도 무표정이었다.

철조망 너머로 온정리 마을이 보였다. 마을을 에워싼 산들은 민둥산이었으며, 헐벗은 논과 밭 그리고 땅은 힘이 없어 보였다. 밭을 매는 아낙네들, 보퉁이 하나씩 들고 걸어서 가는 아이들, 들것으로 돌을 나르는 사람들 모두가 생기가 없었다.

호기심과 묘한 경계심이 뒤얽힌 시선들 사이로 마침내 만물상에 올랐다. 옛사람들이 제아무리 악한 사람도 금강산엘 다녀오면 착한 본성이 된다고 했다더니 과연 금강산은 민족의 영산이었다. 가파른 바위 계단을 오르고 올라 가장 높은 바위에서 내려다보았다. 거대하게 누워 있는 하얀 암반이 장엄하게 흰 이마를 빛내고 있다.

만물상은 온 세상을 다 품에 안아버릴 듯한 기세였지만, 동산만 한 바위에 '자력갱생'이란 붉은 글씨가 크게 새겨져 있다. 그런데 이 좋은 경광에 놀러 온 북한 주민은 한 사람도 볼 수 없다. 단지 남한 관광객들만 붐빈다. 협곡의 양쪽 벼랑들이 구름

속에서 튀어나올 때마다 만물상의 면목이 거기 있었다.

오랜 세월을 두고 풍상에 깎이면서 천태만상의 형태를 이루어 놓았다. 보는 사람에 따라 만 가지 이름을 붙일 수 있는 글자 그대로 만물상이었다. 뒤를 쫓고 있는 토끼의 모습, 어린애를 업은 채 언제 돌아올지 모를 낭군을 기다리다 지쳐서 그대로 돌로 변한 여인상도 있다. 금색을 띤 성분이 섞여 있어 다양한 색깔로 키를 다투듯 줄지어 절벽을 이룬다. 조선조 화가 김응환은 만물상을 보고 창날 같기도 하고 풀잎 같기도 한 바위들의 모습을 보고 만물초(萬物草)라 하며 그림을 그렸다.

오봉 천주봉과 만물상, 저 아래 문주봉까지 환히 솟아오른 모습은 하늘에서 내려온 신선이 여기까지를 그들의 하한(下限)으로 삼고 있었다. 그러기에 신의 조화로움을 극치에 달하게 하면서 아름다움을 드러내고 있다. 산봉우리와 바위, 계곡까지 기묘한데 그 아름다움은 나의 상상력을 훨씬 넘어섰다.

사람이 미를 창조한다고 하지만 이 만물상보다 뛰어넘을 수는 없다. 상하좌우 어디를 보아도 똑같은 형상이 하나도 없다. 귀면암(鬼面岩) 등 수많은 바위와 천녀봉 단애가 깎아지른 층암절벽을 이룬다. 온갖 형상을 나타내는 기암괴석들이 나무와 어울려 빚어지는 풍광은 말로 형언키 어려운 아름다움이었다.

우리는 북한의 물질적 빈곤을 비웃고 있지만, 북한은 남한의 정신적 빈곤을 우습게 안다. 이러한 정신이 어쩌면 저들로 하여금 자연을 훼손하지 않게 하는 것인지 모른다. 물질의 풍요가 인간을 행복하게 하는 필요조건이기는 하나 충분조건은 아니라는 것을 깨닫게 한다.

서울에 이르자 물질의 풍요를 자랑하는 거리에 사람과 차 물결로 길을 메웠다. 어두워지니 자동차 미등의 빨간 행렬이 장사진이다. 하룻밤 사이에 북한의 금강산 일대와는 너무나 대조적이다.

우리는 천안암 사태 전까지 위태한 안보적 토대 위에 세워진 건물을 잊고 살았다. 북한 어뢰가 천안함을 폭침시킨 증거들은 우리의 현장의 증인이 되기 위해, 과거의 시대 상황이 낳은 일들을 잊어버렸으면 한다.

오경자

고려대 법과대학 졸업, 이화여대 교육대학원 졸업, 경제통신사 기자(전)
장안전문대 겸임교수(전), 한국사회교육연구원 원장, 고려대학교, 인천전문대 강사,
월간 『수필문학』 천료 등단, 국제PEN한국본부 부이사장
한국문인협회 회원(전, 감사 이사), 한국수필문학가협회 회장(현)
수필문학추천작가회 고문, 한국크리스천문학가협회 회장(전), 평의원,
은평문인협회 회장(전) 고문, 시문회 회장(전) 고문, 한국여성문학인회 이사,
창작수필문인회 회장(전) 고문, 고려대학교 평생교육원 수필창작 지도교수,
한국여성단체협의회 법규위원장, 은평문화원 이사, 은평문화재단 이사 역임
수필문학상, GS문학상, 크리스천문학상, 연암문학상, 원종린문학상, 올해의 수필인상,
아리수문학상, 대통령 표창(1983), 국민포장(2014)
저서(수필집) 『바퀴 달린 도시』, 『느린 기차를 타고 싶다』, 『계단 좀 내다 버려』 외 다수

느린 기차를 타고 싶다

깜빡 졸았나 했더니 꽤 잤나 보다. 대전역 도착을 알리는 차내 방송에 깨어난 모양이다. 서울역을 떠난 뒤 두 시간 반쯤 지났는데 어느새 대전이라니 속도시대에 산다는 실감이 난다. 고속전철화되면 곱절이나 더 빨라질 터이니 가히 출퇴근 생활권이 대전 쪽까지 확장될 날은 그리 멀지 않은 것 같다.

1951년 정월 초열흘께 서대전 근처 어느 밥집에서 나는 사경을 헤매다가 기적적으로 소생한 일이 있다. 그날의 기억은 퇴색될 줄 모르는 한 장의 사진으로 내 눈에 찍혀 있다. 눈을 떠보니 남녀노소 많은 사람들이 나를 내려다보고 둘러앉았는데 엄마를 빼고는 낯선 얼굴들이었다. 정신이 든 나를 보고 이내 엄마는 혼절하고 뒤숭숭한 소음이 분주히 오가더니 이제 됐다며 음성들이 밝아졌다. 모녀를 나란히 눕히고 미음을 열심히 떠먹여 주었다. 이튿날 우리가 눈을 떴을 땐 전날 밤의 고마운 사람들은 모두 길을 뜬 후여서 고맙다는 인사 한마디 제대로 못하고 말았다. 1·4후퇴 피난길에서 있었던 가슴 따뜻한 이 일로 하여 나는 지금도 대전을 심상한 마음으로 지나치지 못한다.

1·4후퇴 때 뒤늦게 피난길을 서두른 우리는 우여곡절 끝에 서울을 떠나는 마지막 남행열차에 몸을 실었고 보름 만에 대전에 도착했다. 전주가 목적지인 우리가 하룻밤 잠자리를 얻어들었을 때 그만 나는 지쳐서 고열로 쓰러졌던 모양이다. 의사는 고사하고 약 한 톨 구할 수 없는 그날 밤 불덩이가 된 나를 끌어안고 엄마는 죽음 이외에 아무것도 생각나지 않더라고 회상했다.

9·28 수복 후 트럭을 빌려 타고 올라오신 외할머니가 피난 짐을 꾸리라는 걸 어머니는 완강히 거부했다. 세 식구 살러 서울 왔다가 남편 뺏기고 두 목숨 살겠다고 피난 같은 건 절대 가지 않겠다. 또다시 쳐내려오면 어떻게 해서라도 아버지를 찾아 내고야 말겠다는 것이 어머니의 피난 거부 이유였다. 한 달여의 설득에도 딸의 기를 꺾지 못한 외할머니는 외삼촌댁 식구들만 싣고 내려가셨다. 1·4후퇴 전갈이 우리집만을 건너뛴 채 온 동네에 전

해지고 우리집은 피난 안 가는 집이라는 사발통문이 함께 돌려지면서 마을은 비어져 갔다.

남편을 기다리는 어머니가 안쓰러워서 반장은 피난 권유를 포기했고 남편이 없으니까 그런 일에서조차 따돌림당한다고 어머니는 분노했다. 억울해서라도 살아남아야 되겠다는 오기가 서울 잔류를 포기시켰다. 아버지를 만날 수 있으리라는 소박한 자신의 꿈이 얼마나 어처구니없는 일인가 깨달아지면서 피난을 결심했다. 서울이 거의 빈 후라 차편을 얻는 일은 막막했다. 눈보라 속을 열 살짜리 어린 것과 걸어서 나설 수도 없고 막막하기만 했다. 아버지 친구의 주선으로 열차에 오른 것이 정월 초사흘쯤이었던 것 같다. 통신 연락을 하는 마지막 열차라고 들은 그 기차는 전황이 조금만 좋아지면 도로 북행을 하는 바람에 한 발 가면 한나절이나 서 있고 두 발 가는가 싶으면 네댓 발이나 뒷걸음치기가 일쑤였다.

가까스로 안양쯤 왔을 때 차가 멈춰 섰다. 또 전황이 좋아졌나 보다고, 이러다가 도로 서울로 돌아가게 될지도 모르겠다고 어른들이 좋아했다. 점점 가까워지는 포 소리로 보아 다른 때 같으면 차가 남진할 때가 지났는데 영 움직일 생각을 안 하고 서 있었다. 금방 포탄이 날아들 것 같은 하룻밤을 공포 속에 지새웠다. 남자들이 자전거를 내려 타며 여자들은 걸어서 근처 촌락으로 들어가 며칠 쉰 후 각기 피난지로 내려가라는 것이었다. 다른 차가 화통(기관차)을 떼어 갔는데 시간이 자꾸 가고 전황은 나빠져서 이대로 기다릴 수 없다는 얘기였다. 길에서 죽으나 여기서 죽으나 죽기는 매일반이니 여기 있자는 자포자기 속에 한나절이 지나갔다. 땅거미가 질 무렵 화통은 달려졌고 전후진을 거듭하며 차는 달렸다.

대학시절 고향집에 오르내릴 때 중간 지점인 대전역의 가락국수 한 그릇은 꿀맛이었다. 11시 차를 타기 위해 이른 아침을 먹고 나와 표 사기와 개찰 기다리기, 두 번의 줄서기를 거쳐 차에 오른다. 이내 도시락을 꺼내 먹고 한숨 자고 나면 겨우 수원이나 평택쯤을 지나고 있다. 네다섯 시쯤 돼야 도착하는 대전은 경부·호남선이 갈리느라 머무는 시간도 길고 속도 출출할 때라 가락국수 한 그릇을 비우기에는 안성맞춤이었다.

딸을 객지에 혼자 둘 수 없다며 서울여행 살림을 하던 어머니와 함께 완행열차에 몸을 싣고 특급열차 태워드린 일을 내가 할 효도의 첫손가락에 꼽았던 게 어언 30년 전 일이다. 나는 끝내 그 효도를 못해 보았다. 어머니는 유골이 되어 내 가슴에 안긴 채 준급행이라는 열차를 타는 것으로 마지막 호사(?)를 할 수 있었다. 그전에는 형편이 안 돼서 못했고 마지막 길에는 특급표를 구할 수가 없어서 그랬다. 새마을이라는 바로 이 기차를 처음 탔던 날 나는 속으로 얼마나 울었는지 모른다. 첫 번째 외국 여행을 떠날 때 나는 아예 어머니 사진을 간직하고 비행기에 올랐었다. 새로운 곳에 갈 때마다 사진을 꺼내어 손안에 넣고 빙 둘러 보여 드리곤 했다. 일행의 눈을 피해 뒤서거나 아예 앞서거나 하면서 다녔다.

대전역을 지나면서 가락국수 한 입 못 먹어보고 가는 게 아무래도 서운하다. 느린 기차를 타보고 싶다. 다음에는 통일호쯤 타고 대전역 가락국수 국물이라도 한 모금 넘겨 봐야겠다. 엄마의 사진을 꼭 모셔 들고나오는 것도 잊지 말고 말이다.

그해 여름의 자두

그해 여름의 자두는 무던히도 나를 애타게 했다. 이른 해거름에 건넛집 숙이가 끼고 들어오는 바구니에는 어김없이 자두 두어 개가 담겨 있었다. 반짝이는 빠알간 살갗이 저녁 해를 받으면 한결 윤기를 더했다.

내일 새벽에는 꼭 숙이를 따라나서고야 말리라 다짐을 거듭하지만 꼬박꼬박 어머니의 감시망에 걸려서 뜻을 이루지 못한 채 자두철은 지나가고 말았다. 내 관심은 그 자두 맛에 있는 것이 아니다. 숙이가 얘기하는 그 자문 밖에 있었다. 새벽에 그곳에 가서 자두를 받아다가 거리에 앉아 팔고 해거름에 돌아오는 그들의 하루가 부러워서 자못 좀이 쑤실 지경이다. 그 자문 밖이라는 곳이 어디인지는 모르지만 온 세상이 자두밭과 능금밭으로 이어졌다지 않는가? 숙이의 신명난 설명을 듣노라면 마음은 어느새 보지도 못한 그 자두밭인가 하는 데를 헤매고 있었다.

아침 밥상을 물리고서야 내 발은 자유로워질 수 있었다. 이미 숙이들은 자문 밖으로 떠나고 난 후라 골목은 텅 비어 있었다. 아침 햇살에 길게 누운 제 그림자를 밟으며 무료함을 달랠 수밖에 없는 어린 것은 공연히 눈가를 적시며 청승을 떨고 서 있었다. 붉은 깃발이 온 나라를 거의 다 덮어가고, 낙동강에서는 헤일 수도 없이 많은 젊은이가 죽어가 강물이 흐르는 것이 신기할 정도의 처절한 살육전이 기승을 부리던 바로 그 여름날 철부지 계집아이는 일도 아닌 일로 가슴을 태우고 있었다. 고개를 외로 꼬고 서 있는 아이를 건너편 성당 후문을 지키고 선 인민군 병사가 손짓해서 부른다. 반쯤 겁먹은 눈으로 왜 부르느냐는 의문만 띄워 보낸 채 아이는 못 박힌 듯 서 있다. 그 병사의 옷 색깔이 공포로밖에 와닿지 않아 발이 떨어지지 않는다. 서슬 퍼렇게 대문을 밀치고 들어와서 아버지를 찾던 그 사람들의 옷도 바로 저런 색깔이었다.

어디 그뿐인가. 얼마 전 반동분자놈의 에미나이라며 가랑머리 땋은 것을 잡아 흔들던 어른 병사도 저런 옷을 입지 않았던가? 그때를 생각하면 자다가도 경기가 일어날 지경이다. 아이는 저도 모르게 눈이 흘겨지며 뒷걸음이 쳐지기 시작한다. 아이가 아주 가버릴 것 같아 초조해졌는지 병사가 엉거주춤 일어선다. 주머니에서 무언지 한 움큼 꺼내 보이며 다급하게 아이를 불러 세운다. 아이 손에 건빵을 쥐여 준 인민군 병사는 저보다 조금밖에 작지 않은 소녀의 머리를 쓰다듬으며 고향집 자기 조카만 하다고 허공에 대고 중얼거리고 있다. 건빵보다는 성당 마당의 먹꽈리가 먹고 싶다며 잠깐만 들어가게 해달라는 아이를 달래느라 어린 병사는 진땀을 흘리다가 내일 이맘때 꼭 자기가 따서 나오겠다는 약속을 하고서야 아이의 생떼를 달랠 수 있었다. 그 이후 며칠간은 그 병사가 따다 주는 먹꽈리 맛에 자두 시름을 좀 잊을 만했다. 6·25전쟁 와중에 7월 중순쯤 서울 한복판, 지금의 삼일로 한가운데 자리에서 벌어진 광경이다.

그 아이는 사탕 한 알 살 줄 모르는 숙맥이었다. 그 시절에는 대부분의 아이들이 돈을 가지고 가게에 가서 직접 물건을 사는 일을 할 줄 모르고 살았다. 돈을 모르고, 돈에 대한 영악한 셈도 머릿속에 없던 그런 때였다. 그런 아이가 졸지에 자두장수가 된 숙이가 왜 그리도 부러웠는지 잘 모르겠다. 그저 무작정 그들이 하는 행동이 자기도 하고 싶어 좀이 쑤신 것뿐이다.

친구를 자두밭에 빼앗긴 나는 공포의 석 달 동안에 공습경보가 시도 때도 없이 울리는 서울 거리를 겁도 없이 쏘다녔다. 그

것도 모자라 공습경보가 울리면 사람들이 썰물처럼 싹 숨어버려 빈터가 되는 거리가 신기해서 살그머니 걸어 나와 길거리에 서서 하늘을 올려다보던 기억이 지금도 생생하다. 어른들은 다 숨고 조그만 애가 홀로 섰는데도 하늘에서 아무 일도 내게 하지 않는 것이 이상하고 통쾌했던 그 심사의 근원이 무엇인지는 지금도 잘 모르겠다. 여고 시절 「금지된 장난」이라는 영화에서 그 천진한 아이의 전쟁 겪어내기를 보면서 어쩌면 저 감독은 내 마음까지도 읽어준 것 같다는 생각에 연신 웃음을 흘리고 있었다. 우리 집에 와서 대학을 다니던 외육촌오빠가 의용군에 끌려갔는데 전쟁이 끝나도 돌아오지 않았다. 어른들은 그때가 낙동강 전투가 정점이던 때이니 필시 낙동강에 수장되었을 것이라며 침통해 했다. 나는 그 오빠를 못 보게 되어 슬펐다. 내게 너무 잘해주어서 그랬던 것 같다. 그 오빠 생각을 하다가 문득 떠오르는 얼굴이 있다. 먹꽈리를 쥐여 주던 인민군 병사. 그 병사도 어느 날 갑자기 안 보였으니 낙동강에 끌려가 죽었을지도 모르겠다는 생각이 들었다.

자문 밖이라는 데가 자하문 밖이라는 것을 알았을 때 이미 그 속엔 자두밭은 보이지 않았다. 그렇게 와보고 싶었던 그때 그곳을 붕붕거리는 버스를 타고 삭막하게 지나다닌다. 고갯마루 턱 오른쪽에 동상이 서 있다. 북한이 청와대를 습격하라고 밀파한 무장군인(북한군)들을 막아내다 전사한 당시 종로경찰서장 최규식의 동상이다. 그 앞을 지날 때면 마음이 착잡해져서 어린 시절 품었던 자문 밖의 환상을 떠올려 본다.

농장을 하는 친구가 있다. 그 덕에 해마다 친구네 자두를 넉넉히 맛볼 수 있다. 흐드러진 꽃 속에 앉아도 보고 마음껏 익은 농밀한 붉은색을 만져도 보고 살에 비벼 보기도 한다. 어제는 농장에 놀러 갔다가 자두를 한 자루나 얻어 왔다. 성한 것을 골라 이웃과 나누고 농익은 것은 주스를 만들 참이다. 으스러진 것은 잼을 만들어 겨울까지 먹어야겠다. 숙이랑 함께 잼을 듬뿍 바른 토스트 한 쪽을 나누어 먹으면 얼마나 좋을까? 1·4 후퇴 때 서로 떠난 후 소식을 모른다. 숙이도 내가 보고 싶으려나? 제발 보고 싶어 하지 않아도 좋으니 살아만 있었으면 좋겠다.

그해 여름의 자두는 나를 애태웠지만 반세기가 지난 이 여름의 자두는 나를 풍성하고 넉넉하게 해주고 있다.

법당을 이고 앉은 여자

질투가 없으면 사랑이 아니다. 공인된 명언은 아니지만 동의할 사람도 있고 아니라고 도리질을 칠 사람도 있을 것이다. 사람이 워낙 변변치 못하다 보니 그만한 사랑을 해보지 못한 터라 실감하지는 못하지만 그도 그럴 법한 말인 것 같다.

나이 서른씩 돼 가지고 뜨뜻미지근하게 만나서 그저 그렇게 큰 탈 없이 한 30년 살았기에 망정이지 뜨겁게 좋아하다가 다른 곳으로 날아가 버린 짝꿍을 가졌더라면 사생결단을 내겠다고 덤비고도 남았으리라.

강화도 전등사의 대웅전 처마 자락을 뚫어지게 쳐다본다. 지붕을 받치고 있는 나무 조형물이 관심의 표적이다.

무심히 보면 그냥 사람인가, 원숭이인가 하고 지나칠 수도 있다. 자세히 보면 여인이 꿇어앉아 머리에 지붕을 이고 앉은 형상이다.

전설에 의하면 분명 그것은 여인에게 지붕을 받치고 앉아 있도록 깎아 놓은 것이다. 전등사를 지을 때 대목(도목수)이 절 아래 동네의 주막집 아낙과 눈이 맞았다. 객지에 오래 나와 있던 대목의 외로운 마음은 그 아낙에 의해 뜨겁게 달구어졌다. 공임을 받는 대로 아낌없이 갖다 바치며 사랑을 익혀갔다. 대목에게 있어 그 여인은 심신을 다 바친 연인이었다.

어느 날 주막에 내려간 대목은 눈이 뒤집힐 지경이었다. 그 여인이 흔적도 찾을 길 없이 사라져버린 것이다. 수소문 끝에 알아낸 사연, 동네 사내와 단봇짐을 쌌다는 것이다. 그 사실은 대목의 불타는 가슴에 기름 되어 부어졌다. 몇 날 몇 밤을 일손도 놓은 채 여인을 기다리며 반 미쳐 돌아가던 대목이 드디어 마음을 잡고 다시 끌과 망치를 들었다.

식음을 전폐하다시피 한 사내는 몇 날 동안인가를 열심히 나무만 깎고 다듬었다. 그 조각품은 자기를 배신한 여인이 무릎을 꿇고 앉아 있는 상으로 대웅전 기둥 위에 놓여지고 기와가 올려졌다. 제 마음을 찢어낸 죄과로 영영토록 무거운 지붕을 이고 앉아 있으라는 판결을 내린 것이다. 사랑을 배신한 여인에 대한 징계, 가부장 사회에서 여과 없이 동조되었을 이 이야기는 진위 여부야 상관없이 당연한 논리로 받아들여지고 회자되어 전설이 되었으리라.

탑이나 건물 등 건축물에 동물이나 사람을 새겨서 기둥으로 쓰는 예들은 많이 볼 수 있다. 구례 화엄사의 사자 탑도 사자들이 탑신을 받치고 서 있다. 그리스신전도 여인상들이 미끈미끈 기둥으로 세워져 있다. 이것 역시 지붕을 이고 있다. 그러나 이런 조각물들에 전등사처럼 슬픈 전설이 딸려 다니지 않는다.

내 것인데 나를 버리고 가다니 이런 죽일X가 있나? 어디 한번 맛 좀 봐라. 이런 차원의 질투심이 무릎 꿇려 만년 세월 지붕을 이고 살게 한 이 여인 앞에서 흘릴 남편들의 김빠진 웃음 한 자락이 입가를 스쳐 지나간다. 변심한 애인이 괘씸해 손에 쥔 연장으로 만년 형벌을 깎아낸다면 조선조 여인들은 수 없는 시앗을 볼 때마다 바늘로 풀각시라도 쪼아대야 했을 것 아닌가? 말을 안 해서 그렇지 수제비를 끓이다가 변심한 남편의 형상을 밀가루 반죽으로 떼어 수제비 국물에 퐁당퐁당 떨어뜨렸을 수도 있었을 것이다.

너무 잔인한 발상인가 싶었으나 그런 생각조차 감히 해 볼 수 없었을 지난날 우리 여인들의 찌든 억압이 콧등을 찡하게 한다. 변심해서 아예 자취를 감추는 것이 아니라 한집에다 어엿이 첩을 들여앉혀 놓고 사는 남편, 투정 한 번 못해보고 시부모 봉양까지 여축없이 해내며 시앗 비위까지 맞춰야 했던 그 여인들은 속이 재가 되기도 전에 수없는 형상들을 짓고 태웠는지도 모를 일이다.

파리의 노틀담사원에 가면 성당 뒷면 추녀 끝에 물받이들이 질서정연하게 줄지어 서 있다. 그 조각품들 중에 유독 하나가 색다르게 눈길을 끈다. 자세히 보면 신부님의 형상이다. 신부님이 목을 내밀고 서 있는 형국으로 뻗쳐 내려와 있는데(사선으로) 그 입으로 물이 토해져 내려오게 되어 있다. 이 신부님 형상 물받이가 두 가지의 전설을 지니고 있다.

노틀담사원을 지을 때 재정책임을 맡았던 신부님이 부정을 저질러서 그 벌로 물받이로 만들어 토해내는 형벌을 오래도록 받게 했다는 것이다. 또 다른 전설은 좀 다르다. 공사를 총감독하던 신부님이 어찌나 무섭고 지독히 일을 시켰던지 일꾼들이 벼르고 별러 그 신부형상을 만들어 슬쩍 물받이의 일원으로 끼워 넣어 분풀이를 했다는 설이다. 재정담당 신부님 쪽보다는 공사총감독 신부 쪽의 전설이 더 수긍이 가는 것은 어쩐 일일까?

잘못에 대한 공식적인 처벌로 이런 해학적인 방법을 썼을 리 없을 것 같아서이다. 아무튼 그 신부님 형상 물받이를 보면서 짓궂은 웃음 한 자락이 내 입가를 오래도록 떠나지 않았던 기억이 떠오른다. 처벌의 연유야 다르지만 골탕을 먹여야겠다는 발상이 전등사 이야기와 똑같다는데 실소를 금할 수 없다. 동서양이 왕래도 잘 안 했을 때인데 어쩌면 그렇게도 비슷한 생각들을 했을까? 인류가 얼마만큼 살고 나면 비슷한 생각들을 하는가 보다.

변심한 여인이 괘씸해 지엄하신 법당 기둥 위에 앉혀 놓고야 마는 사내, 그것도 실오라기 하나 걸치지 않은 나신으로 조각했음은 분노의 극치를 표현해 내고 있음이렷다. 잠시 눈을 들어 하늘을 본다. 뭉게구름 한 무더기가 선녀의 모양새를 만들었다 지우며 흘러간다.

그런 질투나 저주의 사연보다 절을 짓는 동안 집에 가는 일은 고사하고 여인의 옷깃조차 스칠 수 없었던 금욕생활의 연속이었던 목공이 아내가 그리워 자신도 모르게 여인조각상을 깎아내 자신의 뜻을 담아 법당과 함께 오래도록 보존코자 처마 한 귀퉁이에 소중히 끼워 넣었을 수도 있지 않을까? 질투의 화신이 깎아낸 저주의 조각품이 아니라 사랑이 승화해낸 예술품이 저기 올려져 있을 수도 있다. 문제는 전설을 지어 내린 사람들이다. 내 나름의 신 해석을 하고 나니 이를 악물고 앉아 있는 것 같던 그 여인상이 경건한 표정으로 근엄하게 나를 내려다본다.

사랑, 어떤 것이 옳은 해석이고 정의일지 나도 모르고 앞으로도 어느 누구인들 정답을 알 리는 없을지도 모른다. 갖고 싶은 것이

기도 하고 그를 위해서는 무엇이나 다 해주고 싶은 대상일 수도 있다. 그런데 나만 다해주어야지, 나만 이 해주어야지, 나를 대신할 그 누구도 용납될 수 없으니 사랑은 곧 질투일 수도 있다.

벽에도 귀가 있다

사람에게서 말을 빼앗아 간다면 어떻게 될까? 아무리 생각해도 답이 나오지 않아 아무도 입을 열지 못할 일일지도 모른다. 동물도 특유의 울음소리 등으로 서로 뜻을 전하고 소통한다고 하지만 사람은 감정을 갖고 온갖 희로애락을 말로 표현하며 살뿐더러 그 말 속에 여러 가지 의미를 함축하면서 무수한 역사를 만들어 나가며 산다. 말이 없으면 살 수 없지만 바로 그 말로 해서 일만 가지 잘못이 얽히고설킬 수 있기에 동서양을 막론하고 말에 대한 경구나 명언이 많다.

성경의 잠언은 말과 혀를 조심하라는 말씀으로 가득하다. 동서양의 성현들이 말에 대해 많은 가르침을 주셨는

데 깊이 살펴보면 말을 함부로 하지 말고 혀를 조심하라는 것으로 요약된다. 또한 한 번 내 입을 벗어난 말은 주워 담을 수 없을 뿐만 아니라 그 여파나 영향력을 예측하기 어렵다는 교훈을 말하고 있다. 우리 속담은 '낮말은 새가 듣고 밤말은 쥐가 듣는다.'고 해학적으로 설명했다. 일본은 '벽에도 귀가 있다.'는 말로 우리 속담에 필적한다고 하면 잘못된 비유일까?

중국이나 우리나라의 궁중비사를 보면 말을 엿들어서 크고 작은 일들을 만들어 내기도 하고 믿는 친구에게 속내를 비쳤다가 패가망신하기도 하고 혼잣말을 무심코 중얼거렸다가 봉변을 당하는 경우들을 어렵잖게 볼 수 있다. 어찌 보면 인간사의 한 단면이기도 하다. 1970년대 유신시대를 살면서 우리 백성들은 다방 같은 곳에서 이야기를 나누다가 갑자기 귀에 대고 속삭이는 버릇이 있었다. 혹시 누가 듣고 자신에게 불이익이 돌아올까 봐서 정치 관련 이야기를 할 때 자주 하던 일이었다. 이제 그런 걱정을 하는 국민은 어디에도 없다.

요 며칠 난데없는 대통령의 입에서 흘러나온 말 한마디가 온통 나라를 벌집으로 만들고 있다. 공식 석상에서 우리 대통령도 연설을 했고 미국 대통령도 연설을 했다. 밖으로 나온 대통령이 외교 장관과 대화하던 중에 국회가 날리면 공식 연설한 지원계획이 무산될 텐데 그리되면 난감해서 어떡하냐는 말을 했는데 그 앞뒤에 비속어가 붙었다는 것이 트집의 시작이다. 게다가 일부 언론이 성급하게 대통령의 국회라는 표현을 미국의회라고 자의적으로 해석해서 아예 잘 들리지 않는 몇 마디를 바이든으로 예상하고 문장을 만들어 번역해서 방송해 버림으로써 국익을 훼손시킨 결과를 낳고 말았다. 우리 국회가 통과 안 시켜주면 자신이 연설에서 약속한 것을 지킬 수 없을 테니 그리되면 모양새가 우습게 될 것 같은 것이 걱정이라는 뜻을 담은 짧은 대화를 미국의 이야기를 한 것으로 성급하게 방송을 내보낸 것이 발단이었다고 본다.

옆에서 보고 들은 바 없으니 그간의 언론보도를 종합한 위의 상황으로 볼 때 여러 문제점이 있겠으나 우리 대통령이 단둘이만 말하고 있다고 생각한 것이 큰 착각이었던 것이다. 그야말로 현대판 귀가 벽도 아닌 허공에 있는 사실을 전혀 의식조차 하지 못한 것이다. 카메라가 먼 곳을 찍듯이 먼 곳의 소리도 잡아올 수 있는 21세기의 문명이 이때는 큰 화근이 된 것이라 할 수밖에. 기자가 아무리 급히 기사를 보내와도 편집자는 진중하게 그 기사를 잘 검토하고 보도하는 것이 언론의 윤리이고 언론사 편집자의 책무이기도 하다는 것이 우리가 갖고 있는 상식이다. 작은 일도 아니고 양국대통령이 관련된 기사를 그렇게 성급하게 방송해 버리다니 이해하기 어려운 대목이다.

대통령의 실수냐 아니냐 하는 문제를 논하려는 것은 전혀 아니다. 이제는 큰 교훈을 삼아 벽에도 귀가 있음을 염두에 두셔야 한다는 애타는 국민의 심정을 전하고 싶다. 눈에 보이지도 않는 쥐와 새가 도처에 버글대며 벽은 사방에 널려 있음을 간과하면 안 된다. 언론도 신속만 앞세우기보다 정확이라는 문제에 방점을 찍어주면 좋겠다는 것이 보통 시민들의 생각이다.

외교에 있어서는 국익을 먼저 생각해야 하는 것인데 미국 대통령을 거명하며 일으킨 문제를 해프닝으로 끝냈어도 상처가 남을 수 있는 일이다. 하물며 그 일을 연일 확대 재생산해 내며 나라를 온통 벌집을 만들고 있는 주인공이 금배지를 단 우리나라의 정치인들인 것 같으니 과연 나라를 얼마나 사랑하기에 저러는지 국민은 잘 판단할 것이다. 사람은 얼굴이 다르듯이 제각각 생각이 다 다르다 그것이 당연하다. 다만 나와 다를 때 목숨 걸고 상대를 죽여 없애려 드는 것은 반문명적인 일이라고 생각한다. 정치적 호불호를 말하려 한 것이 아닌데 혹여 그런 조짐이 보인다면 그것은 둔필의 죄일 뿐이니 널리 양해하시기 바랄 뿐이다.

그나저나 아파트 꼭대기 층에 사니까 쥐는 들어오지 못하니 낮말만 조심하면 되려나? 아아 벽에도 귀가 있다 했겠다아? 방음 커튼을 쳐야겠다. 아니 무슨 중요한 일을 하고 사는 처지도 못 되면서 웬 호들갑이냐고? 그래도 누가 알아 나도 사람이잖아, 말을 할 줄 아는 사람 말이야.

부인 저 돌이 아직도 자랑스럽소이까

부인!

부인은 지금 무슨 생각을 하고 거기 계십니까? 참 거기 계신 것이 아니겠군요. 그곳은 당신의 유택은 아니니까요. 아니라고요, 거기 계신다고요. 아아, 그 자리가 역시 유택이신 셈이겠군요. 그래 편안하십니까? 영광스러우십니까? 가슴 뿌듯하다 못해 사뭇 떠 있는 기분이십니까? 지금도? 아니 그때도 과연 그런 흐뭇함이 당신을 감싸고 있었을까요?

나는 공연히 심통이 나서 얼빠진 사람처럼 중얼거리고 서 있다. 속리산을 돌아 나오다가 잠깐 멈추어 선 비각 앞이다. 너른 들판을 안고 서 있는 비각과 정자나무가 웬일인지 마음을 끌어 차를 세웠다. 창살 틈새로 무심코 들여다보던 눈길이 비석에 꽂혀 서고 말았다. 그것은 열녀비였다. 안동권씨라고만 표기된 그 여인의 이름은 흔적도 찾을 수 없다. 그 시대에 여자에게 무슨 이름이 있었을까마는 새삼스럽게 서러운 생각이 밀려든다.

열녀!

그것이 그 여자의 삶에 무슨 도움이 되었겠는가. 청상으로 수절하며 시부모 공경 잘하고 자식들을 훌륭히 키우며 형제 우애도 잘했다는 것들이 대개 열녀의 덕목이 아닐는지. 한 사람, 바로 살아 있는 인간이기 이전에 오로지 가문의 명예를 두 어깨에 지고 있는 전사와도 같은 사명감의 화신이어야 했던 여인, 그것이 남편 잃은 여자의 바람직한 모델이었다.

더운 피가 흐르고 살끝이 파르르 떨리는 그런 육신을 양반이라는 두 글자로 얽매여 놓기에는 그 시절 남정네들도 자신이 없었던 모양이다. 열녀라는 당근과 자식 앞길을 막는 제도라는 채찍으로 여인의 수절과 훼절을 가르고 가르치는 묘책을 구사했다.

남편을 떠나보낸 여인이 과부라는 이름을 누더기처럼 둘러쓴 채 기계와도 같이 소위 법도라는 것을 따라 살 때 비로소 어른들은 가슴을 쓸어내리며 안심했다. 수절이라는 그 일이 그리 쉽지 않음을 아는 터라 잘해 냈을 때 열녀문이라는 것을 내려 영광을 안겨주는 것으로 보상했다. 귀감을 삼아 열녀가 양산되는 파급효과를 노린 유인책이었음은 두말할 필요가 없다.

이런 기본적 덕목에 충실하지 못하고 이탈했을 때 그 여인은 훼절한 여인으로 낙인이 찍혀 파문을 당함은 당연한 수순일뿐더러 그 자식의 앞길을 막는 것으로 보복했다. 그 벌이 무서워 수많은 여인들이 눈물에 젖어 살면서도 자식을 위해 그 수난을 감수해야 했다. 그 시절 양반들에게는 필수적이면서도 또한 유일한 세상 살기의 통로가 과거급제였다. 과부가 개가(改嫁)하면 그 자식은 과거 응시의 자격을 박탈당하도록 법제화해서 여인의 치마꼬리를 잡아매 놓았다.

당근과 채찍치고는 참 절묘한 방책이라 하겠다. 열녀문이 하사되면 그 집안의 세금과 군역들이 면제되었다. 예나 지금이나 내로라하는 사람들의 군대 기피증(?)은 비슷했던지 군역의 면제가 꽤나 비중 있는 사탕발림이 되었던 모양이다. 가문의 명예에다가 자기 자식들의 혜택까지 있으니 시집 식구들이 오죽이나 눈에 불을 켜고 며느리 감시를 잘했겠느냐 말이다.

부모가 자식 사랑하기는 똑같다고 하지만 어미의 자식 생각은 남다른 데가 있음을 우리는 잘 알고 있다. 목숨과도 바꿀 수 없는 맹목적 자식 사랑은 역시 어미의 것이지, 아비의 것은 아닌 것 같다. 이 순수한 어미 마음을 볼모로 잡은 것이 과부금혼제도이다. 어머니가 훼절했다 하여 자식이 과거에 응시조차 할 수 없는 응징은 요즘 생각으로는 어불성설이다.

기득권을 보호하고 자신들의 마당을 철저히 지키려는 양반들의 서자 차별과 맥을 같이 했던 과부금혼제도는 조선시대 여성 차별의 명물이었다. 세종대왕 때 유명한 재상 황희 정승에 의해 주청 되어 제도화된 과부금혼제도로 하여 조선의 여인들은 인간 이기를 포기해야 했다.

어느 날, 황정승이 산길을 가다가 잠시 쉬는데 어디선가 도란 거리는 사람 소리가 들려왔다. 주위를 살피던 황희는 소스라치게 놀라 몸을 숨기고 문제의 자리를 지켜보게 되었다. 어느 무덤가에서 젊은 남녀가 무덤에 대고 부채질을 하면서 사랑을 속삭이고 있는 게 아닌가. 그 여인이 소복 차림이었다는 것이 문제의 발단이 된다. 무덤에 풀이라도 마른 후에 신발을 거꾸로 신어도 신어야 할 것 아니냐는 속설에 따라 두 남녀는 무덤에 부채질을 하고 있었다.

한나라의 제도가 만들어지는 뒷얘기치고는 어찌 보면 한심하고 어찌 보면 해학적이기도 하다. 그 길로 황희는 인륜 도덕의 정립을 위해 여인의 발목에 족쇄를 채우는 과부금혼제도를 성안하고 세종의 윤허를 받아 조선 여인의 수난사가 시작되었다.

남편 잃은 모든 여자에게 반드시 개가를 하도록 의무화시킨다면 그 또한 무모하기 이를 데 없는 인권유린이다. 한 번도 지겨운데 왜 또 그 지옥 불에 들어가라 하느냐고 항변할 여자도 꽤 많을 것 같기에 하는 말이다.

연전에 유행했던 「아내에게 바치는 노래」를 기억하는 이가 있을 것이다. '젖은 손이 애처로워… 나는 다시 태어나도 당신만을 사랑하리라.' 이 노래의 말미를 두고 아이들이 엄마도 아빠하고 또 결혼할 거냐고 물었다. 그 어머니 대답이 그럴 바에는 나는 아예 죽지 않겠다는 것이었다. 또 어떤 아버지는 내가 미쳤느냐고 했다는 우스개 이야기들이 회자된 적이 있다.

결혼도 모르고 한 번 할 것이지, 알고 두 번 할 것은 못 된다는 생각이 비단 나만 하는 생각은 아닌 것 같다. 아무려나 결혼을 하든지 않든지, 특히 재혼을 하든지 않든지 그것이야말로 각 개인의 선택 과목이지 필수 과목이 아니다. 인간의 자유 가운데 가장 기본적인 권리가 신체의 자유, 거소 지정의 자유 등이 아닐까 싶다. 내 몸을 갖고 내 마음대로 할 수 없는 일이 여럿 있지만 그중에서도 더운 피를 억지로 냉각시키며 살아야 하는 일은 고통 이전의 질고이다.

부인!

고요한 부인의 연못에 공연히 돌을 던져 소란을 피운 이 못난 나그네를 용서하소서. 당신의 뜨락에 저 멋없는 돌덩이가 위안이 되신다면 그나마 두고 보시오마는 왠지 내 마음 같아서는 그거 나마 치워주면 조금은 좋을 것 같소이다.

허를 찌른 답변

세상을 살아가면서 멋진 사람을 만날 때가 있다. 외모가 유난히 인상적이어서 눈길이 머무는 경우도 있고 행동이나 말이 감동적이어서 인상에 남는 때도 있다. 연예인의 경우는 대부분 외모에 끌리고 정치인이나 학자 같은 경우에는 기막힌 표현이나 강의, 또는 저서에서 명문을 읽을 때 멋지다는 생각에 오래도록 입이 다물어지지 않는 경험이 있다.

벌써 한 세대 전 일이다. 모교에서 여성학을 강의할 때인데 인촌 기념사업회에서 고르바초프를 초청해 와서 인촌기념관에서 강연회를 열었다. 소련을 해체한 지 바로 몇 해 지나지 않았던 때라 가슴 설레기도 하고 젊은 학생들에게 좋은 경험이 될 것 같아 내 강의를 수강하던 학생들에게도 홍보해서 함께 들으러 갔다. 스탈린과 사람은 다르다 하나 바로 그 나라의 최고 권력자, 게다가 그 체제를 무너뜨린 주인공이라는 생각을 하며 애증이 겹치는 갈등의 대상이었다. 최소한 내게는 그런 존재였다.

아홉 살에 겪은 6.25라 친구들은 별로 깊이 기억하지 않는 경우들도 많은데 아버지를 납북당한 나로서는 죽어도 잊을 수 없는 게 스탈린이다. 소련제 탱크가 버티고 있던 1950년 6월 28일 서울 한복판의 거리를 꿈에도 잊을 수 없다. 그 적국, 원수의 나라 수장이었던 공산주의자의 괴수(?)를 만나러, 그것도 강연을 들으러 간다는 것이 어쩌면 어불성설일 수 있다. 게다가 아직 감수성이 예민한 학생들까지 떼로 몰고 그 강연장을 찾는다는 것이 말이 되지 않는 일인 것이다.

외동딸을 대동하고 왔노라 소개하며 연단에 오른 그는 거침없이 강연을 마쳤다. 질문을 받겠다는 사회자의 말이 떨어지기 무섭게 날아온 질문은 청중을 얼어붙게 했다. 소련을 붕괴시킨 셈이니 결국 공산주의가 실패했다는 것을 실증으로 보여준 것이라고 보는데 당신의 생각은 어떠하냐?가 질문이었다. 가뜩이나 조심스러운 자리라는 생각에 머리끝을 잡아당기는 기분을 갖고 왔던 터에 잘 끝나서 안도의 숨을 쉬는 순간인데 여기서 뇌관이

터지는 것 아닌가 싶었다.

가슴을 조이고 있는데 의외에도 그는 온화한 미소를 지으며 아주 간단히 대답했다.

"지난 20세기가 공산주의 실험기였다면 오는 21세기는 자본주의의 실험기가 될 것이다. 지금 질문에 대한 답변은 그때가 되면 자연히 나올 것이다."

야아, 이런 것을 바로 허를 찌른다 하겠지?

조였던 가슴을 쓸어내리며 저만이나 하니 그 엄청난 일을 해낼 수 있었구나 싶으면서 적국의 수장이었다는 생각이 말끔히 지워졌다. 진심으로 멋지다는 생각을 했던 기분 괜찮은 오후였다. 30년 전 어느 날의 괜찮은 추억 한 토막이다. 바로 그 고르비가 지구를 떠났다. 사람은 누구나 다 죽는다. 얼마 동안을 살고 죽느냐도 중요하겠지만 어떻게 살다 죽느냐가 진정 중요한 일이다. 그는 세상에 훌륭한 획 하나를 긋고 갔다고 생각한다. 최소한 평화라는 것에 대해서 큰 실천을 하고 갔다고 평가해도 틀리지 않을 것 같다.

우크라이나 전쟁을 일으켜 지구를 들쑤셔놓고 있는 푸틴 대통령이 그의 영결식장에 나타나지 않은 것은 그래도 일말의 양심이 있다고 읽어도 좋을 일인 듯싶다. 어떤 얼굴을 하고 나타나도 가증스러워 보였을 것 같아서이다. 노벨평화상을 수상한 그의 절

친이 영정을 들었음도 당연하고 가슴 울리는 일이다. 호화로운 장례도 많지만 고르비의 장례식은 많은 사람들에게 울림을 주고 있는 것 같다.

학생들에게 나쁜 영향을 끼치면 어찌하나 하는 막연한 불안감을 안고 들었던 그날의 강연 내용이 다 떠오르지 않지만 자신의 선택이 과히 나쁘지 않았다는 안도의 숨을 내쉬며 인촌기념관을 나왔다. 그날은 머리도 까맣고 주름도 없었는데 이제 모시올 같은 백발에 얼굴엔 물이 고일 정도의 주름이 자리했으니 세월이 야속하다 할까? 고르비가 말한 자본주의 실험기를 어느새 22년이나 살았지만 과연 얼마나 더 보다 떠나려는지, 곱게 늙을 수만 있다면 오래도록 보다 가고 싶다. 이왕이면 멋지게 살다 가면 좋겠다.

계단 좀 내다 버려

세상을 살아가는 동안 불편한 일이나 여건을 마음대로 바꿀 수 있다면 얼마나 좋을까? 만약 그럴 수만 있다면 불편한 집에서 살 사람은 하나도 없을 것이다. 맛있는 것만 골라가면서 먹고 지낼 수도 있을 것이다. 직장에 가서도 마음에 맞는 일만 하고 싫으면 안 하고 그만일 수 있다면 스트레스 받을 일도 없을지 모른다. 어려서야 싫으면 안 한다고 떼를 쓰고 원하는 것은 달라고 조르면 해결되는 경우가 많다. 불편한 것이 거추장스러우면 치워 달라고 말하면 대개 이루어진다. 그것이 뜻대로 되는 것이 아님을 터득하게 되면서 사는 일이 고달파지는 것 아닌가 싶다.

아이가 자라서 어른이 되는 것은 자연의 이치이고 축복이지만 어쩌면 점점 힘 드는 쪽으로 가는 것일 수도 있다. 어른이 되어 책임 있는 사람으로 산다는 것은 정말 어려운 일이다. 책임을 벗어 노인이 되면 사는 것이 편해질 줄 알지만 오히려 더 힘들어진다. 젊어서야 희망이 있고 성취감이라는 선물이 기다리고 있지만 노년의 생이라는 것은 그 두 가지가 사라진 것 때문에 얼마나 고단하고 팍팍한 것인지 살아보기 전에는 모른다. 젊을 때는 힘들다가도 한편으로는 자식을 잘 키워야 한다는 책임감으로 어떤 힘든 일도 해낼 수 있었는데 이제 그런 사명감이 있을 리 없으니 매사가 힘들다. 게다가 몸은 기력이 떨어져 가는데 가슴은 전혀 거기 쫓아갈 생각이 없고 점점 더 어려지려 하니 균형이 깨져서 말씀이 아니다.

할미 손을 붙들고 계단을 올라가다가 4살배기 손녀가 쏘아붙인 말이 "계단 좀 내다 버려."였다. 저희 아파트에서는 승강기로 쉽게 오르내리는데 왜 여기는 이 계단이라는 것이 있어 가지고 이렇게 힘들게 하느냐 싶어서 짜증 섞어 쏘아 댄 말이다. 계단 없으면 어떻게 올라가려느냐는 질문에 숨도 돌리지 않고 한 대답은 "엘리베이터 갖다 놓으면 되잖아?"였다. 그렇다. 그 쉬운 것을 왜 이 미련한 할미는 어째서 못하고 이 어린 손녀를 고생시키고 있는가 말이다. 그날 할미가 할 수 있었던 것은 아이를 덥석 안고 계단을 오르는 일이었다. 그밖에 할 수 있는 일이 아무것도 없었으니까.

이제 그 아이도 사춘기를 지나 후반 소녀기로 접어들었다. 하는 모양새로 보면 청년기에 이미 들어선 느낌이 든다고 함이 더 맞을 정도이다. 김정일이 남한의 중2가 무서워서 못 쳐내려온다는 우스개가 옛말이 되었다. 계단을 내다 버릴 수 없다는 것을 알게 되면서 저들은 자신들의 꿈을 위해 무섭게 질주한다. 내가 좋다는데 왜 못하게 하느냐? 내가 싫다는데 왜 하라고 하느냐? 어쩌면 이 둘의 명제밖에 없는 것이 오늘의 저 아이들 방황의 이유인 것 같기도 하다. 여기저기서 "내가"라는 목소리만 크게 들린다. 네가 없는 나는 곧이어 나도 없애 버림을 그들은 아직 모른다. 계단이 없으면 불편한 정도가 아니라 집에 올라갈 수 없음을 그들은 인정하려 하지 않는다. '계단을 없애고 승강기를 갖다 놓으면 되잖아'라는 생각밖에 없으니 못 갖다 놓는 현재에 대해 불평만이 쌓여간다. 요즘 아이들 조숙해서 걱정이 아니라 어쩌면 4살에 머물러 있어 큰일인지도 모를 일이다.

아이 말이 맞다. 불편한 계단을 내다 버리고 승강기를 놓는 것이 순리다. 그것이 발전이다. 승강기를 없애서 모두 계단을 오르는 불편을 감수하게 함으로써 불평의 싹을 잘라야 한다? 분명 궤변이다. 그런데 이런 궤변이 평등의 허울을 잘못 쓰고 나오면 사회를 혼란스럽게 한다. 평등은 좋은 것이지만 하향평준화를 통한 평등은 발전이 아니라 퇴보로 가는 지름길이 되기 쉬워서이다. 고교 평준화가 하향평준화 되어서 교육의 수월성 학보를 위해 보완책으로 등장한 자사고 제도가 헐려지려 하고 있는 기사들을 보면서 왜 자꾸 4살 손녀의 말이 생각나는지 모르겠다. 교육 전문가도 아닌 터에 무슨 뾰족한 대안이 있어서가 아니라 혹여 평등만을 생각한 나머지 또 다른 면을 못 보는 것은 아닌지 염려스러울 뿐이다.

세상에서 공부가 제일로 하기 싫다던 아이도 말로만 그러면서 제 할 일은 해서 크게 낙오되지 않고 잘 따라 나가는 걸 보면 4살에서 머물지 않고 잘 자라고 있는 것 같아 대견하다. 그 애 말이 맞지, 공부가 재미있다는 걸 벌써 터득하면 애늙은이 아니겠는가? 힘든 세상사 겪다 보니 그제야 그래도 공부가 비교적 많은 것 중에서 쉬운 일에 속함을 알게 되었다. 투자에 비해 결과가 정직할 정도로 정비례로 나타난다는 점 때문에 우리 시대 사람들이 하는 생각이다. 요즘 아이들은 그 정비례의 법칙이 맞지 않는다고 믿고 있는 것 같다. 그것은 우리 눈으로 볼 때는 안타까운 비극이다. 아무리 열심히 공부해도 단 한 번 시험에 한두 문제로 운명이 갈린다고 굳게 믿고 있는 아이들이 딱하고 지극히 염려스럽다.

여러 가지로 어려운 지금 난마처럼 얽힌 문제들을 지혜롭게 풀어가야 할 지도자들이 혹시 4살배기 생각을 할까 봐 밤잠을 못 이루는 것이 늙은이의 기우이기만 바랄 뿐이다. 불거진 문제들만 쳐다보다가 뿌리를 병들게 하는 우는 범하지 않도록 도와주시라는 기도를 하는 일밖에 달리할 수 있는 일이 없어 한스럽다. 아이야, 세상은 거추장스러운 것을 없앤다고 편해지는 것이 아니란다. 내가 못 가진 기회를 상대방이 가졌을 때 그것을 없앤다고 평등해지는 것은 더더욱 아니란다.

최균희

1971년 한국기독교아동문학 동화 「빨간 털구두」 당선
1974년 한국아동문학가협회 제1회 신인상 동화 「안개」 당선
1975년 조선일보 신춘문예 동화 「아기 참새」 당선
1992년 현대문학 3월호 수필 「목화솜 이불」 등단
국제PEN한국본부 부이사장, 사)어린이문화진흥회 이사장
한국아동문학인협회 자문위원, 계간 문예작가회 자문위원, 한국여성문학인회 자문위원
한국문인협회 문인극기획위원, 서울 언남중학교 교장, 송파문인협회 회장
추계예술대학교 문예창작과 외래교수, 한국독서교육연구회 회장 역임
한국문학예술상, 한국아동문학창작상, PEN문학상, 김영일아동문학상, 독서문화상,
홍조근정훈장, 상상탐구작가상, 개나리동요대상 등 수상
창작동화집 『아기 참새』 『동전 한 닢의 편지』 『꽹과리 소년』 『나비를 달아 줄게』 외
21권, 글쓰기지도서 『재미난 이야기글 쓰기』 동시집 『아이와 달맞이꽃』
장편소설 『평양기생학교 스캔들』 교육생애사 『교육과 문학, 두 수레바퀴를 글리며』

작가는 이름보다 작품이 먼저

1970년 3월 초등학교 교단에 선 나는 고향 마을의 어린이들과 생활하며 자연스럽게 동화를 쓰기 시작했다. 전북 매일에 연재한 「빨간 털구두」가 1971년 한국기독교아동문학 공모에 당선된 데 이어 1974년 제1회 아동문학가협회 신인작품 모집에 응모했다. 시골 아이들의 가난한 생활과 정서를 담아낸 내 작품을 처음 접하신 이원수 선생님께서는 동화 「안개」를 '신인작품 대상'으로 뽑아주신 후 지도책을 펼쳐놓고 전북 부안을 찾아보셨다고 했다

다음 해 나는 조선일보 신춘문예 동화부문에 작품을 응모하게 되었다. 우리집은 그때만 해도 신문 한 부 구독할 만한 문화생활을 하지 못했다. 그래서 같은 학교에

근무하며 나와 가장 친한 친구가 자기 집에서 보는 신문을 들고 와서 신춘문예에 응모해 볼 것을 권하였다. 심사위원장을 맡으신 선생님께서는 최종선에 올라온 작품 중에 내 작품이 들어 있음을 발견하시고, 내심 무척 반가웠다고 하셨다. 그렇지만 행여나 본인의 선입관이 개입될까 봐 이웃에 살고 계시는 황순원 선생님께 최종선 작품 4편을 보여 드린 뒤, 황 선생님께서 내 작품을 맨 위에 올려 넘겨주실 때, 박수를 치며 기뻐하시고, 「아기 참새」를 당선작으로 뽑으셨다는 후문을 나는 뒤늦게야 들을 수 있었다.

신춘문예 당선 이후, 내가 만나본 이원수 선생님은 너무도 소탈하시고 인자하셨으며, 종로의 뒷골목 삼미집, 진미집에서 소주잔을 기울이시며 여러 문인들과 정다운 대화를 나누시는 선생님은 아버지를 일찍 여읜 나로서는 그대로 아버지와 같은 정을 느낄 수 있었다.

시골 한 편에서 편모슬하에 어렵게 살았던 나의 어린 시절을 짐작이라도 하신 듯 선생님께서는 내 작품에 대하여 '최균희 씨의 동화를 읽으면 우리나라의 산과 들과 집과 마을이 모두 우리 것으로 나타납니다. 어설픈 남의 것이 아닌 우리의 생활이 나타납니다. 거짓스럽거나 우스꽝스럽거나 겉치레한 것이 아닌 진실된 우리들이 살림살이가 나옵니다. 이러한 동화와 소년소설이 바로 우리들의 소년소설이 될 수 있는 것입니다. 최균희 씨는 똑똑

새 아기 참새처럼 세상을 살아가며 옳은 생활을 위해 몸을 바칠 사람이라는 생각이 드는 것은 그의 글이 리얼리티를 지니고 있으면서 유머와 재치에 넘치며 진실에 자리하려 노력하고 있는 데서 느껴지는 것이라 생각합니다.'라고 첫 번째 동화집 『아기 참새』에 부치는 말로 다시 한번 나에게 글을 쓸 수 있는 용기와 힘을 불어넣어 주셨다. 그리고 일억조에서 가진 출판기념회에 40여 명의 훌륭하신 기성작가들을 초빙하여 나를 격려해 주셨다.

어설픈 나를 알기 전에 작품으로 인정해주신 선생님에 대해서 어찌 내 개인적인 사견만 들어 존경한다 말을 할 수 있겠는가? 1976년 겨울 내가 결혼해서 서울로 올라오기 전, 선생님께서는 예고도 없이 내 고향을 찾아오셨다. 나보다 열다섯 살 위인 우리 큰오빠는 선생님과 그 일행을 반갑게 맞이하면서 부안 상소산에 있는 '매창 시비'와 변산반도의 채석강으로 안내했다. 때마침 어깨를 짜고 지나가는 어린아이들이 「고향의 봄」 노래를 부르고 있었다. 나는 그 아이들에게 이 할아버지께서 너희들이 지금 부르는 노래를 지으신 분이라고 말을 걸었다. 그러자 아이들은 "웃긴다. 저런 바짝 마른 할아버지가 이런 노래를 지었다고요?" 하면서 고개를 내젓고 달아났다. 그러자 선생님께서는 "우리 아동문학 작가들은 작품으로서 아이들에게 감동을 주고, 아름다운 마음씨를 기르게 하면 그만이지. 작가 이름이야 작품 뒤에 숨어서 보이지 않아도 돼."라고 말씀하셨다. 나는 선생님의 그 말씀을 결코 잊지 않고 있다. 진실과 사랑에 바탕을 둔 선생님의 고결한 작가관과 문학정신은 선생님의 검소한 생활과 선생님께서 써내신 대부분의 작품에서 찾을 수 있으며, 나 또한 그렇게 살리라 다짐했기 때문이다.

선생님께서는 우리의 결혼식 주례에서도 이 세상을 살아가는 데 가장 중요한 것은 서로를 아끼고 사랑하는 것이며 진실하게 살 것을 강조하셨다. 어쩌면 우리 부부가 지금까지 평온한 가정을 이루고 행복한 삶을 누리는 것은 선생님 앞에서 서약했던 그날이 있었기 때문은 아닐까?

이제 나도 할머니가 되어 손자 녀석들의 상급학교 진학 문제에 관심을 갖고 있다. 중학교 교장으로 정년퇴임 한 후, 대학에서 가르쳤던 제자들이 이따금씩 등단 소식을 전해오고, 친구들의 남편이 세상을 떠났다는 부고도 종종 날아온다.

앞으로 내가 살아갈 날이 얼마만큼일지는 모르겠지만, 그동안 내가 속해 있는 여러 단체와 학교라는 직장에 쏟았던 열정을 계속 유지할 수 있을까?

선생님께서 돌아가시기 전에 마지막 연하장에 당부한 것처럼 "균희야, 좋은 글 많이많이 써라." 나는 항상 스스로를 돌아보며 선생님 기대에 어긋나지 않는 작가로 거듭나기 위해 노력하며, 지금 이 시간도 그 말씀을 되새겨 본다.

목화솜 이불

청명한 일요일 아침, 커튼을 젖히다가 좀처럼 보기 드문 파란 하늘에 여유롭게 떠가는 하얀 뭉게구름을 보며 한참 동안이나 멍청하게 서서 시간을 보냈다.

가을의 위력은 역시 대단한 것 같다. 베란다의 화분에서 힘겹게 자라난 꽈리 열매도 계절을 알아챈 듯 빨갛게 물들어가고 있다.

요즈음엔 아침저녁으로 싸늘한 바람이 불어와 몸과 마음을 웅크리게 하는가 하면 새벽녘엔 제법 쌀쌀한 기운이 맴돌아 난방기기를 틀어놓아야겠다는 생각이 든다.

참 그보다 먼저 손볼 것이 있다. 결혼할 때 해온 큰 이불은 지금도 내 힘만으로는 들어올리기 힘들고 장롱의

문 닫기도 쉽지 않다.

날로 개발되는 화학 섬유와 캐시밀론 계통의 가벼운 솜이 그렇고, 요즘엔 매우 가볍고 따스한 오리털 이불과 실크 이불이 인기를 독차지하고 있지 않는가.

더욱이 날이 갈수록 편한 생활을 추구하다 보면 이불을 개고 들어 올리는 것도 귀찮아 대부분 침대 생활을 선호하게 되고, 그래서 우리집 역시 질세라 서재만 제외하고는 방마다 침대를 들여놓았다.

여러 가지 부드럽고 색깔 고운 담요들이 해마다 다르게 쏟아지기에 특히 중앙난방이 잘 된 아파트에선 점차 그 두껍고 투박한 솜이불들은 유명무실의 존재로 거추장스러운 짐이 되어가고 있음을 부인할 수가 없다.

하지만 내가 결혼할 때 가지고 온 솜이불은 나에게 있어서는 여느 이불과는 다른 특별한 의미를 지닌 까닭에 그동안 지내오며 그리 쉽게 솜을 가르거나 처분할 용단을 내리지 못했다.

또다시 떠오르는 어머님의 초라한 모습이 잠깐 동안 영상처럼 지나간다.

젊어서 혼자되신 어머니!

짧은 인생을 고생으로만 얼룩진 삶 속에서 무던히도 견디고 참아내시며 겉으론 전혀 드러냄 없이 항상 부드럽고 인자하신 얼굴로 우리들 삼 남매를 지켜주시던 분!

어렵고 힘든 세월 속에서 한 해 한 해 전답을 늘리시며 자식들에겐 가난을 넘겨주고 싶지 않아 얼마나 억척스럽게 피나는 고생을 하며 살아오셨을까.

"하루 세 끼 먹고사는 일이 제일 중요한 줄 알고 재산을 불리기에만 바빠서 머리 좋고 똑똑한 너의 오라비들을 제대로 뒷바라지를 못하여 더 훌륭하게 키우지 못하고…."

그 가난한 시절 어느 집이나 비슷했겠지만 너무도 여러 번 들었던 어머님의 혼잣말이 그렇게 뼈아픈 절규였음을 그때는 잘 알지 못하였다. 그저 오빠들이 타고난 능력과 소질을 다 발휘하지 못하고 사시는 게 조금은 미안하였을 뿐.

지금 내 아이들의 뒷바라지를 하면서 아니 내 나이가 들어 어머님의 그 모습을 닮아 늙어가면서 이제야 그 말씀들이 새록새록 떠오르며 나의 가슴에 이따금씩 파문을 일으키는 것을, 어찌 내 철부지 적 소견으로 그 깊으신 마음을 헤아릴 수 있었을까.

어쨌건 어머닌 며느리들에게 일찍이 살림을 넘기시고 남들이 보기엔 비교적 한가한 모습으로 해마다 텃밭에다 목화를 가꾸어 거둬들이셨다.

햇볕 잘 나는 날을 골라 눈부시게 환한 목화솜을 멍석 위에 펼쳐놓고 말리시면서 행여 작은 티끌 하나라도 들어갈까 봐 정성을 다하여 곱디곱게 손질을 하신 뒤 커다란 자루에 수북수북 담아 몇 년에 걸쳐 모아 놓으셨다.

적어도 우리 어머니한테만은 혼기를 넘긴 하나뿐인 막내딸이 시집갈 생각은 하지 아니하고 낮에는 종일 학교에 나가 있다가 밤에는 어설픈 글을 쓴다고 원고지를 붙들고 앉아 세월 가는 줄을 모르고 있으니 여간 답답하고 안타까운 일이 아닐 수 없었을 것이다.

모처럼 날을 받아 맞선이란 걸 보이려고 주말을 택해 놓으면 등산이니, 세미나니 하면서 훌쩍 집을 나서면 그뿐, 어머니께서는 한 번도 큰 소리로 나무라시는 적이 없었다.

한번은 학교에서 돌아오니 어머니께서 진하게 달인 한약을 권하시는 것이었다. 무슨 약이냐고 내가 묻자 네 몸이 약해서 보약을 지었으니 무조건 먹어두어야 한다는 말씀이셨다. 처녀들이야 누구나 날씬한 몸매를 원하는 건 예나 지금이나 다르지 않을 테지만 우리 어머닌 항상 딸이 허약하다고 걱정을 하셨다.

며칠을 두고 조석으로 달여 주시는 어머님의 정성에 그렇게도 싫어하던 한약을 씁쓸한 맛보다는 오히려 뒷맛이 달콤하다고까지 여기며 하루도 거르지 않고 잘 먹고 있던 어느 날이었다.

큰오빠께서 날 조용히 불러 말씀하시길 어머니께서 당신의 금반지와 금비녀를 식구들 몰래 팔아서 나와 내 어린 조카들의 보약을 지으셨다는 것이다.

그 당시 난 직장인 학교에 나가며 꼬박꼬박 월급을 받아 왔었고, 오빠들 두 분도 생활하는데 별로 부족함이 없었기 때문에 굳이 그렇게까지 하실 필요는 없으셨다.

우리 삼 남매는 상의 한마디 없으셨던 어머님이 한편 서운하기도 했지만 다시 한번 고개 숙여 어머님의 뜨거운 사랑을 되새길 기회를 가졌었다. 그리고 다가올 어머님의 생신을 보다 뜻깊게 하자는 의견을 모았었다.

하지만 신의 부르심을 먼저 알고 계신 것처럼 하나뿐인 딸에게 줄 한약의 마지막 재탕을 달여 놓으신 날. 어머니께선 매우 힘들어하시며 머리를 감으시고 옥비녀를 단정히 꽂으신 뒤 힘없이 누우시어 아들딸 며느리를 불러 모으셨던 것이다.

뒤늦게 연락을 받고 의사 선생님을 모시고 달려온 내가 어머님 가까이 다가앉자마자 딸의 체취를 느꼈음인지 우리 어머님은 그 명주실 같은 삶을 미련 없이 자르시고 아기의 단잠보다 더 고운 잠 속으로 평화롭게 떠나가셨다.

어머니! 하고 딱 한 번만 부를 수 있는 여유마저도 주지 않으신 채 우리 어머님은 영영 돌아오시지 않을 길을 택하신 것이다.

뼈에 사무치는 한과 후회되는 마음이야 두고두고 내 생애를 통해 가셔질 리 없겠지만 내 생활의 새로운 안식처, 아니 내 마음을 어루만져 줄 작은 공간을 찾아 그이를 택했을 때 올케들은 행여나 고인의 뜻을 조금이라도 어길세라 딸에게 남기고 간 어머님의 유일한 유산을 산더미처럼 큰 이불과 작은 이불 그리고 몇 개의 요 속에 가득가득 채워 넣어 대회에라도 내보내듯 실어 보낸 것이다. 그리하여 큰 이불이라 이름 지워진 것은 신혼 초엔 아예 장롱 속으로 밀어 넣을 생각도 못했었다.

그렇지만 얼굴 한 번 대면한 적 없는 사위가 장모님의 따스한 정을 목화솜 이불에서 느낀다 하니 천만다행한 일이었다. 그래서 우리는 한겨울이면 침대를 멀리하고 목화솜 이불을 내려 덮었었다.

이따금씩 고향집 대문 앞 텃밭에서 땀 젖은 적삼에 호미를 들고 김을 매고 계실 것 같은 어머님 모습이 불현듯 떠오르면 나는 또 철부지처럼 옛 추억을 더듬는다. 그리고 끝내는 장문을 열어 목화솜 이불에 기대어 서서 어머님 냄새를 맡으며 울적한 마음을 달래곤 한다.

초록빛 공단에 학이며 모란이며 나비 떼들이 색색으로 수놓아 있고 빨간 깃이 조화를 이룬 이 큰 이불이 어쩌면 우리 가정을 더욱더 포근한 보금자리로 만드는지도 모를 일이다.

난 다시 큰 이불을 갈라 작고 얄팍한 몇 개의 작은 이불로 만들겠다는 처음 생각을 백지로 돌리고, 그리운 어머님의 사랑을 피부로 느끼며 목화솜 이불에 얼굴을 묻어본다.

가을 숲에 안겨

이 아름다운 가을에 단풍이 곱게 물든 숲길을 따라 종일토록 거닌다 해도 나는 지치지 않으리라. 내가 가장 사랑하는 사람들과 함께라면 더할 나위 없이 즐겁지 않을까. 그들이 가족이어도 좋고, 친구라도 좋고, 직장 동료라도 좋겠지만, 먼 옛날 잠깐이나마 만나서 그리움으로 가슴앓이를 하던 그때 그 사람이라면 더욱 좋을 성싶다. 아마도 그것이 순수한 사랑이라는 이름으로 기억 저편에 자리한 추억이라면 끝까지 현실이 아니어도 좋을 듯하다. 축복 받은 인생, 행복하다는 말이 그리 어렵지 않게 흘러나오고, 이 세상이 정말 아름답고 살 만한 곳임을 새삼스레 느끼게 됨은 이 멋진 계절 탓이 아니겠는가.

나뭇잎 사이로 스며드는 햇살의 따스함을 느끼며 나무들마다 생명이 가득가득 차 있는 가을 길을 걷는 맛이란 무엇으로도 형용하기가 그리 쉽진 않다. 내 나이 칠십 고개를 넘으면서 나 혼자만 느끼는 감회일까? 살아온 삶과 남은 삶의 애착 때문일까? 오늘은 유난히 산길의 돌멩이 하나, 흙 한 줌도 소중하게 보인다. 지금 나는 숲의 그늘에 있다. 어머니 품처럼 포근한 숲이 날 보듬어 주고 나는 이 숲의 품에 안겨 잠깐이나마 여유를 부려보고자 한다.

숲속에 내 어린 시절 꿈을 감추어 두었기에 나는 종종 숲을 찾으며 마음의 평안을 얻는지도 모른다. 내가 아직 세상을 잘 알지 못하던 그 어린 시절을 항상 그리워하고 다시 돌아가고 싶어 함도 우리 마을을 병풍처럼 둘러싼 그때 그 숲이 있어 나를 놓아주지 않음일지니….

어른들이 들에 나가고 어린 나 혼자 남아 덩그렇게 큰집을 지키고 있을 때면 어김없이 거지들은 문전에 와 서성대고, 나는 기다렸다는 듯, 쌀독에서 닥치는 대로 쌀이든 보리쌀이든 한 바가지씩 듬뿍듬뿍 퍼서 거지들의 자루에 쏟아주었다.

당연히 걷어갈 세금이라도 받아 가는 양 누런 광목자루의 목을 비비 꼬아 어깨에 메고 당당하게 나서는 거지들에게 다음에 또 오시라고 친절하게 허리를 굽혀 배웅까지 하였다.

그리고는 한참이나 논밭 길을 따라가다 저만큼 마을 앞산 칙칙한 솔숲 사이 구불구불 난 길로 거지들이 희미하게 사라질 때까지 나는 눈을 돌리지 않고 그 산을 바라보며 상상의 날개를 펴곤 하였다.

저들이 찾아가는 저 숲속은 어떤 곳일까? 그리고 누가 살고 있는 것일까? 하얀 구름도 쉬어 가고 산새들도 지절대는 저 산 너머에는 또 다른 세상이 있는 것일까? 해 질 무렵, 들에서 힘들게 일을 하고 돌아오신 어머니로부터 또 곡식을 한 번에 그렇게 많이 퍼 주었느냐고 야단맞을 일일랑 관계치 않고 언제나 그 신비한 세계… 숲을 향한 동경은 내 나이 몇 살 때나 되어 사라졌는지 확실히 기억이 나지 않는다.

지금도 그 산의 정확한 이름은 알 수 없지만 어른들이 종종 일터에 나갈 때마다 그 산을 바라보며 '아침부터 안개가 뿌옇게 낀 걸 보니 오늘 날씨도 아주 맑겠구먼.' 하는 소리를 들으며 어린 나는 그 산을 '안개산'이라 칭하고 그곳에 살고 있을 이름 모를 짐승들 – 여우랑 토끼랑 너구리랑 – 모두 나의 동화 나라에 끌어다 놓고 공상하기를 즐겼었다.

어쨌든 시도 때도 없이 드나들던 거지 중에는 손가락이 다 잘려져 나가고 눈썹이 하얗던 문둥이도 있었고, 전쟁터에서 상해군인이 되었다는 절름발이도 있었다. 간혹가다가 사지는 멀쩡해도 이미 힘을 쓰기에는 너무 늙어버린 할아버지 할머니들이 밥한 술만 달라고 문전에 와서 어정거리기 일쑤였다.

그때부터 난 이다음에 자라서 저 불쌍한 노인네와 거지들을 위하여 몸을 바쳐 일하는 사람이 되겠다고 다짐하곤 하였다. 그리고 제법 나이가 들어서까지 자선사업이 나의 최종 목표인 양, 누구 앞에서든 어렵지 않게 말을 했었다. 아니 어쩌면 고아원에 나가며 전쟁고아들을 위해 일하시던 큰오빠의 영향을 직간접으로 받았는지도 모를 일이다.

그런데 그 아름답던 꿈은 현실 속에서 서서히 희석되어 가고 내가 열심히 일한 만큼 나 자신에게 쏟아붓지 않으면 큰 손해라도 보는 양 사치와 허영심 속에서 매일매일 다람쥐 쳇바퀴 돌듯 살아가고 있으니. 이기적이고 독선적인 나 자신을 돌아볼 때마다 스스로 부끄러워짐을 숨길 수 없다.

맨 처음 교사 발령을 받았을 때 만났던 그 가난한 아이들과 함께 하며 동화를 쓴 것이 오직 나의 길은 이 길뿐인 것처럼 사명감 같은 것에 억눌리면서도, '아낌없이 주는 나무'의 교훈을 입버릇처럼 가르치면서도 막상 내가 해야 할 몫에는 항상 용기를 내지 못하고 있음을 어찌하겠는가. 행여 작은 베풂과 실천이 낯냄으로 변할까 하는 소심증까지 함께 하며.

아직도 어린 시절 작은 꿈이 저기 큰 숲에 잠겨 있고, 그 약속이 유효함을 잊지 않고 있기에 나는 또 낙엽을 밟으며 올해도 별 보람 없이 지나가고 있는 한 해를 아쉬워한다. 별로 길지도

짧지도 않은 나의 뒤안길을 돌아보며 또다시 깨어질 꿈일지라도 남은 앞날을 곱게 설계하고 싶다.

오늘은 맨발로 숲길을 걸어보리라. 그 흙에서 느끼는 고향 냄새, 내 곁에 나무가 있어 혼자서 걸어도 외롭지는 않을 것이다. 숲이 풍요로운 건 항상 푸르름을 잃지 않기에 아니 떨어지는 낙엽이 있어 알찬 열매를 기대할 수 있기 때문일 게다. 숲은 결코 고개 숙이거나 슬퍼하지 않으며 또 다른 생명들의 태어남을 위하여 열심히 참고 이겨내지 않는가.

그리고 숲으로부터 사랑을 배우리라. 모든 걸 포용하고 남을 위해 나를 희생하는 사랑, 결코 자랑하지도 않고 교만하지 않으며 받으려고 주는 것이 아닌 그런 사랑을 하는 푸른 숲을 닮고 싶다. 비록 거북이 등처럼 갈라지고 볼품없이 거칠어졌어도 안으로 사랑을 품어 나이테를 키워 가는 저 늙은 고목이 있기에 숲은 그 가치를 더해 가지 않을까.

어렸을 적 그렇게도 만나보고 싶던 숲의 요정이 아직도 살아 있을 것 같은 믿음을 이 나이 들도록 저버리지 못하는 나를 누군가가 철부지라 하여도 상관없다.

이 아름다운 가을날 저녁 금방 주워 책갈피에 꽂아온 낙엽을 보며 따뜻한 차 한 잔을 마주하고 싶다. 내가 가장 사랑하는 사람에게 숲의 향기 물씬 나는 가을을 전해주고 싶다.

흙 한 줌의 의미

얼마 전 예사롭지 않은 편지 한 통을 받았다. 그것은 내가 처음 발령을 받아 함께 근무했던 마음이 매우 따뜻한 선배 선생님이 20여 년 동안의 무소식을 깨고 하얀 편지 봉투 안에 고향 냄새를 가득 실은 목화씨 한 줌을 보내온 것이다. 거기에는 목화씨를 잘 불려서 싹이 나면 구멍 뚫린 빈 우유팩에 흙 한 줌씩을 담아 그 씨앗을 심고 지주를 세워 키우면서 삭막한 도시에서 시골의 정서를 맛보라는 자상한 설명서까지 동봉하였다.

내가 쓴 수필 속에 이미 「목화솜 이불」이란 제목의 글이 있지만, 나는 새로운 느낌으로 희뿌연 솜털에 덮인 검정 목화씨를 서너 날 물에 담갔다가 싹이 나자, 흙 한 줌씩을 담은 작은 화분에 두세 개씩 나누어 심었다. 제발 그 목화씨에서 새싹이 움트고, 가지가 뻗어 예쁜 꽃이 핀 후, 열매에서 탐스러운 목화솜을 볼 때까지 잘 살아주길 기대하면서. 하지만 아파트 베란다에서 식물을 키워본 경험상, 기름진 텃밭이 아니고서야 어찌 한 줌의 흙이 그 일을 도맡아 할 수 있을까 하는 반신반의가 더 앞섰다.

갑자기 작은 씨앗의 생명과 흙 한 줌의 의미를 생각해 본다.

언제나 그렇듯 고향 하면 함께 떠오르는 어머님 모습. 사래긴 밭에 목화를 가득 심어놓고 아침저녁으로 가꾸시며, 막내 외딸 시집갈 때 따스한 이불을 해주겠다고 몇 년에 걸쳐 차곡차곡 목화솜을 쌓아두시던 어머니. 어머니를 그토록 애태우고, 돌아가신 후에야 결혼한 불효 여식이 무슨 할 말이 있겠는가만, 그분의 유일한 유산인 목화솜 이불들은 벌써 여러 개의 이불로 작게 나뉘어져 사라졌고, 그나마 한두 개 남은 이불도 난방이 잘되는 아파트 침대 방에서 밀려난 지 오래다. 가볍고 얄팍한 실크 이불 때문에 장롱 안에서도 맨 아래에 파묻혀버린 천덕꾸러기. 그래도 내 어머니의 체취가 담겨 있기에 함부로 버릴 수 없는 우리만의 보물임을 어찌하랴! 이불일랑 그렇다 하더라도 이 싹이 자라서 하얀 목화솜을 보여주기까지 곱게 키워줄 흙 한 줌은 또 어디서 와서 어디로 가는 것일까?

오래전 일이다. 살아 있는 사람에게 해가 없다는 날씨 좋은 윤달의 어느 날이었다. 몇 년을 벼르다가 날을 잡아 부모님 산소 앞에 비를 세운다고 아들딸과 손자들이 모여들었다. 가지처럼 뻗어나간 혈맥을 챙겨 후손들이 이렇게 번성했다고 아들, 손자, 며느리 모두의 이름을 새겨 그럴듯한 비문을 미리 맞춰 놓았다.

산소 주변을 멋지게 꾸미고, 둘레석을 세우기 전에 가난했던 시절에 매장한 목관을 빼내고 석관으로 바꾸려고 어머님 산소를 파헤쳤다. 하루 품삯을 받고 일하는 사람들이야 그저 아무 생각 없이 흙을 파면 그뿐, 어머님의 유골이 나올 법도 한데 좀 깊이 파고들었지 않나 의심이 갈 무렵, 이미 목관의 아랫바닥이 다 드러났다.

그제야 허둥지둥 오빠들은 옆으로 퍼 올린 흙더미 속에서 두 줄기 짧은 정강이뼈와 살아계실 적 곱게 매만지던 비녀 꽂힌 낭자를 찾아내어 준비해온 백지에 싸는 것이었다. 차라리 산소를 파헤치지 말았어야 했는지, 삼십 년 세월이 그리도 길었는지, 먼저 가신 아버님을 당신 곁에 모실 때 그때 합장이라도 했었더라면 좋았을걸.

옥체를 보리라 기대한 건 아니었지만, 그렇게 보고 싶고 그립던 어머님 모습은 간데없고 까맣게 변해버린 흙 한 줌의 의미 앞에서 차마 눈시울도 붉힐 수가 없었다. 그런 줄도 모르고 사죄

하는 마음 담아 노래비를 세우겠다고 낯을 낸 못난 여식, 그래도 당신은 생전처럼 하나뿐인 딸자식 허물을 덮어가며 용서해 주시겠지. 언제나 그랬듯이 이기적인 생각으로 나를 달래며, 또다시 나는 죄인이 되어 초라한 내 모습을 누군가에게 들킬까 봐 서둘러서 고향 마을을 떠나오고 말았다.

조상들이 묻힌 선산도 아닌 부안읍 초입에 자리한 도로변 언덕바지에 아담하게 조성된 우리 부모의 산소, 그곳이야말로 우리 어머니가 하루도 빠짐없이 호미 들고 밭을 매던 목화밭이었다. 아직까지는 오가는 이들이 빙 둘러 심어 있는 측백나무와 깔끔하게 손질된 산소를 바라다보며 눈길을 보내지만, 이 또한 얼마나 유지될지 모를 일이다. 그 앞에 4차선 고속도로가 생기고, 수많은 공장들이 마을 안으로 파고들면서 이제 옛날에 내가 살던 고향마을의 모습은 자취를 감추었다. 고향을 지키며 부모님 산소를 정성껏 돌보시던 작은 오빠마저 몇 년 전에 하늘나라로 가버린 지금, 서울에서 살고 계신 큰오빠나 내가 마음처럼 자주 내려갈 수도 없는 일이다.

이제 손자들이 알아서 할 일이다. 가족 규모의 납골당을 만들던지 나름대로 손쉽게 관리할 방법을 찾을 게다. 날로 새로워지는 장례문화에 따라 후손들이 어떻게 처리하던 상관할 게 아니다. 나 또한 사후에 자손들에게 짐이 되지 않기를 바랄 뿐, 내 살아 있는 동안이나마 이따금씩 시댁과 친정 부모님 산소에 들러 엎드려 절할 수 있는 건강만으로도 만족해야 할 것이다. 너절하게 적어놓은 한 덩이 돌이 후세에 손가락질이나 받지 않을까. 자다가도 부끄러워할 일이지만, 그래도 슬픈 노래를 부모님께 바친 것이 후회스럽진 않다.

부모님 영전에

고향 마을 양지바른 들녘에 서서
보고 싶은 얼굴, 듣고 싶은 목소리
부모님 체취를 바람결에 느낍니다

고생으로 얼룩진 힘든 세월 속에서
사랑과 희생으로 밑거름 되어 주신
따스한 품 그리워 마냥 눈물집니다

그 은혜 천에 하나 갚을 길 없사와
못다 한 정성, 사죄하는 마음 담아
한 덩이 돌에 새겨 영전에 바칩니다

-2004년 수선화 피는 3월에 한국 문인 동화작가 최균희

부모님 산소 앞에 세운 이 노래비가 우리 가족들에게라도 부끄럽지 않길 바라면서 나에게 주어진 시간에 충실 하려 노력한다. 또한 이 세상에 우릴 태어나게 해 준 것만으로도 부모님께

감사해야 할 일이라며. 조부모와 부모님 제사를 한 번도 거르지 않고 먼 길을 달려가던 남편, 이제는 우리 집으로 제사를 모셔와 명절 때와 제삿날이면 상을 차리고 아들 며느리 손자들이 모이는 것 또한 즐거운 일이다. 어쩌면 한 줌의 흙으로 돌아갈 이 육신을 아껴서 무엇 하겠는가. 내게 보잘것없는 능력이라도 잠재해 있다면 할 수 있는 만큼 남기고 가야 할 일이다. 천상병 님의 「귀천」에서 노래했듯 아름다운 이 세상 소풍 끝내는 날. 가서 아름다웠다라고 말할 수 있길, 나 역시 같은 바람이기에 오늘도 바쁜 일과 속에서 알찬 하루를 보내려 한다.

그리운 덕밑샘

내 어린 시절, 우리 고향 동네에서 뒷동네로 이어지는 언덕 밑에 사시사철 맑은 물이 퐁퐁 솟아오르는 샘이 하나 있었다. 어른들은 그 샘을 덕밑샘이라 불렀다. 투박한 사투리를 즐겨 쓰는 그들에게는 옹달샘이란 예쁜 우리말보다도 자연 그대로 언덕 밑에 자리한 샘이란 뜻으로 그렇게 부른 것이 훨씬 더 잘 어울린다는 생각이 이제금 든다. 그 샘은 산속에 있는 것도 아니고, 큰길에서 작은 동산으로 접어드는 어귀에 있었다.

덕밑샘은 마을 안 우물처럼 돌멩이나 시멘트로 뺑 둘러 경계선을 만들지도 않았고, 그저 평탄하고 널찍한 바위틈에서 물줄기가 솟아나와 일 년 내내 개울을 따라 언덕 아래 논밭으로 끊임없이 흘러내렸다.

아침 일찍부터 위 아랫동네 아줌마들이 빨랫감을 한 아름씩 머리에 이고 속속 모여들어 널따란 바윗돌을 하나씩 차지하고 토닥토닥 빨래를 하던 곳, 덕밑샘은 아줌마들이 집에서 못다 한 이야기들을 하나씩 토해내는 곳이기도 하였다. 남편을 비롯한 시어머니, 시누이, 시댁 식구들에 대한 원망을 마구 쏟아내지만 아무도 시비를 하거나 말리지 않았다. 오히려 넉살 좋게 받아들이며 한나절 즐거운 화재로 서로의 속마음까지 깨끗이 청소해 내고 싶어 했다. 어쩌면 그곳은 아낙네들만의 유일한 휴식처였고, 마음대로 수다를 펼치는 만남의 장소였을 것이다. 발이 저리도록 쪼그리고 앉아서 흙이 더덕더덕 묻은 잠바나 바지를 어깨가 빠지도록 두들기고 비벼대면서도 언제나 시끌벅적 웃음꽃이 피어나던 곳. 커다란 바가지로 퍼내고 퍼내어도 끝내 바닥이 보이지 않는 그 샘은 가난이란 찌든 삶에서 벗어나 잠시나마 풍요를 느낄 수 있는 아낌없이 물을 대주는 곳이었기에 누가 부르지 않아도 수시로 찾아드는 곳이 아니었을까?

'나도 덕밑샘 갈래.' 하며 엄마의 치맛자락을 붙들고 따라가던 그곳, 어른들이 빨래를 하는 동안 저만치 아래 작은 돌멩이 위에 손수건을 올려놓고 비누칠을 하며 거품놀이를 하다가 금방 싫증이 나면 논두렁을 따라 잠자리를 쫓아 달려가고, 메뚜기도 잡고 우렁이도 건져 올리던 그곳, 아줌마들이 모두 떠나고 조용해진 오후가 되면, 바윗돌 위에는 동네 꼬마들이 가지고 놀던 딱지랑 구슬들이 그대로 남아 낮잠을 자고, 햇살은 조용히 덕밑샘을 맴도는 물방개와 소금쟁이들을 따스하게 어루만져 주었다.

고향을 떠올릴 때마다 항상 함께 떠오르는 덕밑샘이 그리워 언젠가 친정 부모님의 산소를 돌아본 뒤 그곳을 찾았다.

우리 마을과 건넛마을들을 이어주며 사랑과 정을 나누게 하던 만남의 장소가 예전처럼 그대로 있을까 하는 설레는 마음이 마냥 소꿉놀이 즐기던 어린 시절로 나를 끌고 갔다.

그러나 상상과는 달리 그 샘은 온데간데없어지고, 4차선 도로가 사방으로 연결된 그 샘터 주변에는 이름 모를 공장들이 대나무 죽순처럼 우뚝우뚝 솟아나 하늘을 향해 기지개를 펴고 있는 듯했다.

지나가는 농부가 나이가 들어 보이기에 여기 전에 있었던 덕밑샘이 어떻게 되었느냐고 내가 묻자, 그런 말은 처음 들어본다며 저기 당소산으로 조금 더 들어가면 약수터가 하나 있을 거라고 친절히 답해 준 뒤 가던 길을 재촉했다.

허무한 마음을 달래며 서울로 돌아온 나는 같은 아파트에서 살고 있는 고향 친구를 불러내어 등산길에 올랐다. 약수터 벤치에 앉아 난 또 그 덕밑샘 이야기를 꺼냈다. 친구도 그런 단어는 처음 들어보지만 자신이 알고 있는 빼닫이도 그렇게 쓰인 말 같다고 대답했다.

우리 한글이 날로 새로워지는 것도 좋지만 사라져가는 우리말을 되살리는 것도 어쩌면 보람 있고 뜻있는 일이 아닐까 하는 생각을 하며, 그날 친구랑 함께 모처럼 추억 속의 단어들을 한참 동안 주워 담았다.

고향 마을과 뒷동산

내 고향은 산과 들과 바다가 함께 어우러진 곳, 호남평야와 변산반도와 서해바다가 자리한 전북 부안이다. 내가 태어난 마을은 부안읍 변두리, 부안 경찰서 뒤쪽 행안면에 속해 있다. 고향을 떠나온 지도 벌써 사십 년이 훨씬 넘었다. 이제는 그곳에 내가 기억하는 어른들이 손가락을 꼽을 정도로 몇 분 남지 않았다.

그래도 이따금씩 고향을 찾을 수 있는 것은 그 마을 근처에 우리 부모님 산소가 있기 때문이다. 최씨 문중의 널따란 선산이 정읍에 두 곳이나 있지만 어머니는 본인이 평생 농사를 지으며 살아온 마을의 양지바른 곳에 눕고 싶다는 유언을 하셨다.

두 아들은 일찍 출가시켜 마음이 놓였지만 하나뿐인 외딸이 시집갈 생각은 안 하고 학교에 나가며 글을 쓴다고 교육과 문학 두 곳에다만 정신을 쏟고 있을 때 어머닌 무척 애를 태우셨다. 어머니는 가까운 텃밭에 목화를 가꾸어 햇볕 잘 날을 골라 눈부시게 하얀 목화솜을 평상 위에 펼쳐 말리신 뒤, 티끌 하나 없이 손질하여 자루마다 가득가득 목화솜을 담아놓으셨다. 막내딸이 좋은 사람을 만나 결혼이라도 하겠다면 즉시 혼수 이불과 담요에 사랑을 가득 채워 함께 넣어줄 생각이었을 것이다.

젊은 나이에 혼자되시어 평생을 삼 남매의 뒷바라지만 하시다가 홀연히 떠나신 우리 어머니, 그동안 하늘나라에서 두 분의 만남을 기다리고 계셨던 아버님의 유골을 곁에 모셔다가 어머니가 해마다 목화를 가꾸시던 그 밭에 향나무들로 둘러싸인 아담한 산소를 만들어 후손들의 이름이 새겨진 비석 옆에 '부모님 영전에' 바치는 내 어설픈 시비까지 세워놓았다.

나보다 일곱 살 위인 작은오빠가 일흔 살을 넘기지 못하고 세상을 떠나기 전까지는 부모님의 산소는 그 근방 일대에서 가장 깔끔하게 정리되어 있었다.

이제는 아흔에 가까운 연세의 큰오빠마저 서울에 살고 계시기에, 다른 사람에게 주변의 밭을 일구어 먹는 조건으로 산소를 관리하라고 부탁할 수밖에 없었다. 더욱이 지난해와 올해처럼 코로

나로 사회적 거리두기를 강조하는 상황에서 함께 모여 제사를 지낼 수도 없는 처지다. 얼마 전 가정의 달 오월에 나는 남편과 함께 자동차 뒤 트럭에 제사 음식을 가득 싣고 부모님 산소를 찾아가 차례를 지냈다.

오랜만에 내가 어린 시절을 보냈던 고향 마을을 한 바퀴 돌아보았다. 물론 작은오빠가 사시던 집이 그 동네에 있고, 올케도 살아 계시기에 항상 반갑게 맞이해 준다. 마을 이장도 오빠의 친구라서 절대로 낯설지는 않다. 언제나 평화롭고 정이 넘치는 내 고향 마을이다. 마을 옆에 농공단지가 생기고 나서 교통수단도 매우 편리해졌을 뿐만 아니라 아름다운 마을로 거듭 발전하고 있다. 요즈음엔 마을 골목길 담벼락에 여러 종류의 민화를 그려 놓고 있었다. 시멘트 담을 헐어버리고 꽃동산을 만들어 마당과 안채가 환히 보이는 집이 더욱 눈길을 끌었지만, 그 민화들 옆에 내가 쓴 시 「마실 골목길」이 적혀 있고, 그 마을에서 태어나 육군 참모총장을 지낸 후배 김요한 장군과 내 사진을 넣은 짧은 약력들이 함께 게재되어 있는 걸 발견했다. 물론 비바람이 불고 세월이 가면 흐릿하게 사라질 벽화지만 그래도 내 고향 마을에서 얼마간이라도 나를 기억할 수 있도록 자료를 담아주신 정성에 마음이 찌릿해 왔다.

그곳에서 기념사진을 한 장 찍고, 마을 뒷동산으로 향했다. 언제나 그리운 고향 마을을 떠올리면 동시에 떠오르는 것이 뒷동산의 커다란 노송이었다. 그 크기와 모습이 속리산 법주사의 정이품송과 비슷했다는 생각이 든다.

어린 시절, 우리들의 유일한 놀이터는 바로 마을 뒷동산의 노송 주변이었다. 소나무 아랫부분은 아이들 대여섯 명이 손에 손을 잡고 안아도 모자랄 정도의 아름드리 굵은 몸체였다. 그토록 큰 나무가 비스듬히 기울어져서 아이들이 쉽게 오르내릴 수 있도록 등을 내주고, 수많은 가지들을 동서남북으로 쭉쭉 뻗쳐 전체적으로는 둥근 원모양을 유지하고 있었는데, 사시사철 푸른 빛에 그 의젓함이 내게 꿈과 희망을 안겨주지 않았을까.

그 가지 중에서도 특히 옆으로 길게 뻗쳐 있는 나뭇가지에는 어른들이 아이들을 위해서 새끼줄로 튼튼하게 엮어 매달아 놓은 그네가 흔들흔들 항상 우리들을 기다리고 있었다.

사내아이들은 수시로 나뭇가지 사이사이로 건너 뛰어다니며 숨바꼭질과 술래잡기를 했고, 계집애들은 그네를 타며 하늘 높이 올라 이웃 마을까지 들리게 환호를 지르다가 곧 싫증이 나면, 나무 아래서 고무줄놀이와 소꿉놀이로 한나절을 훌쩍 넘겼다.

지게를 지고 짐을 나르던 아저씨와 밭을 매던 아주머니들도 이따금씩 땀을 식히기 위해 소나무 끝자락에 자리한 모정에서 새참을 먹고, 잠깐씩 드러누워 쉬었다 가곤 했다. 뜨거운 한여름에도 노송 아래는 산들바람이 수시로 불어와 부채도 필요 없었다.

어른들은 그 노송을 당산나무라고 불렀다. 명절은 물론이고 마을에 애경사가 있을 때는 나무에 색색으로 된 띠를 두른 뒤, 맛있는 음식을 차려 놓고 두 손으로 싹싹 비는 일도 많았다. 그때만 해도 어른들은 그 당산나무가 마을을 지켜준다고 믿었던 모양이다.

나도 그 당산나무 옆 작은 등걸에 걸터앉아 책을 읽던 때가 너무도 행복했던 것 같다. 내가 줄곧 고향 마을 뒷동산의 노송과 제제의 오렌지나무를 똑같게 여기는 것도 어쩌면 내 어린 시절의 추억이 그만큼 순수하고 아름다운 이야기로 충분한 가치를 지닌 탓이리라.

그런데 그토록 아늑한 분위기 속에서 우리 마을을 지켜주던 노송이 벌써 자취를 감춘 지 오래다. 서해안고속도로가 동네 뒤쪽으로 생길 때 함께 없어졌다고 들었다. 읍에서 멀지 않은 곳이라서 공장 건물들이 하나둘씩 들어서기 시작하면서 뒷동산 한쪽이 고스란히 사라지고 말았다. 마을 사람들은 왜 그 노송을 지키지 못했을까? 하지만 나부터 오래전에 고향을 떠나왔고, 지금 그 노송을 기억하는 사람들이 얼마나 될까? 불현듯 몇십 년 후에라도 아이들이 찾아와 마음껏 뛰놀 수 있는 그런 소나무 놀이터를 어느 곳에든 만들어놓고 싶다는 생각이 든다. 더 늦기 전에 말이다.

동요 부르기 캠페인

내가 어렸을 때 가장 좋아했던 노래는 엄마 품에 안겨 들었던 자장가이며, 나 역시 우리 아이 둘을 키우면서 종종 동요를 불러주었다. 이젠 나도 할머니가 되어 어른이 된 아들에게 내 동요가 실린 CD를 건네주며, 손자들과 여행할 때, 차 안에서 자주 들려줄 것을 권한다.

귀에 익은 멜로디가 우리의 마음을 편안하게 하고, 새로 접한 노래들이 때로는 우울한 마음을 즐겁고 유쾌하게 전환시키며, 일상생활 속에서 활력소 역할을 할 때가 많다. 천진난만한 어린 시절, 생활 주변에서 저절로 배워 따라 부르던 그 동요들은 세월이 흘러도 우리의 마음속에서 평생 떠나지 않는다.

현대를 사는 아이들은 굳이 가정이나 학교에서 노래를 가르쳐 주지 않아도 매스컴과 음반을 통하여 쉽게 배운다. 그래서인지 TV에서는 얄궂게도 어른들의 프로에 가사의 뜻도 모르는 네댓 살 정도의 어린이들이 최근에 유행하는 트로트와 춤을 발랄하게 따라하는 걸 보며, 박수와 찬사를 아끼지 않는다. 아이돌이니 K 팝이니 한류 물결이 세계를 뒤흔드는 이 시점에서 그런 걸 바람직하지 못하다 할 수는 없지만, 그래도 어린이는 어린이답게 참하고 순수하게 자라야 하지 않을까? 아이들에게 그들의 눈높이에 맞는 동요를 부르게 할 수는 없을까?

요즈음 뉴스에서는 어린이들이나 청소년들 사이에 집단 폭력이 사회 문제로 대두되고, 가족 간에도 서로 학대하고 살인을 하는 일 등 인간으로서는 할 수 없는 끔찍한 일들이 종종 보도된다. 이는 누구를 탓하기 전에 인성교육과 사회화 교육이 잘못된 결과다. 인격 형성은 인생의 첫머리인 아동기에 있어서 가장 효과적인 성과를 거둘 수 있기에, 어린 시절 동요를 부르고, 동시와 동화를 읽을 수 있는 분위기에서 온전하게 자란 사람은 그러한 비행을 함부로 저지르지 않는다.

마침 서울시교육청에서 교육 인생 이모작 활동으로 재능기부 및 봉사활동을 추진한다는 연락을 받았다. 그래서 내가 이사장직을 맡고 있는 사단법인 어린이문화진흥회에서는 '자연사랑, 생명

사랑, 어린이문화사랑'이라는 타이틀 아래 어린이와 청소년을 사랑하는 퇴직 교사들이 한데 모여 매주 화요일마다 시내에 있는 공원이나 사람들이 많이 찾는 산이나 호숫가를 찾아가서 애창동요를 부르고 동시와 동화 나눔 캠페인을 벌이기로 하였다.

아동문학으로 등단하여 50여 년을 동화작가로 활동하며 뒤늦게나마 동요가사 쓰기에 매력을 느껴 작곡된 내 작품도 상당히 많아졌다. 나는 교단에 선 이듬해 우리 할머니 할아버지들이 즐겨 부르던 '향토의 전래동요'에 관심을 가지고 '민족정서 발굴과 순화발전을 위한 연구'라는 현장연구논문을 발표하여 특선을 받은 적이 있다. 그리고 1975년 조선일보 신춘문예에 동화 「아기 참새」가 당선되었을 때, 나는 무엇보다도 내 작품을 뽑아주신 심사위원이 우리 민족이 가장 즐겨 부르던 노래 「고향의 봄」 작사자 이원수 선생님이라는 것이 매우 자랑스러웠다.

하지만 융통성 없는 나는 오로지 동화작가의 길을 고집하며 20여 권의 동화집을 펴내는 동안, 이따금씩 발표한 동시들마저 모을 생각을 안 했다.

그런데 정년퇴임을 앞두고, 비봉에 있는 농장에다 야생화를 가꾸면서 써낸 동시집 『아이와 달맞이꽃』에서 비교적 운율이 규칙적인 「바람손님」이 오숙자, 이재석, 오세균 선생님에 의해 곡이 붙여졌다. 이어서 신귀복 선생님이 곡을 붙여준 「어린이의 눈으로」와 「노래 부르면」이 무대에서 불려지자, 늦었지만 이 또한 나에게 행복을 주는 요소로 다가왔다. 그래서 한국동요음악협회와 한국동요작사작곡가협회, 울산동요사랑회(국악 동요) 등에 가입하여 해마다 제작하는 음반에 여러 편의 동요 가사를 수록하게 되었다. 그와 동시에 매주 한 번씩 종로2가에 있는 YMCA 여성동요합창단에 가서 동요를 부르는 일 또한 생활의 즐거움으로 다가왔다. 그리고 몇 년 전에는 한국동요음악협회가 실시한 개나리동요제에서 내 작품 「가로수길」이 가사부문 대상을 받았고, 「숲길을 걸으면」은 YMCA여성동요합창단 정기공연과 중국 공연 무대에서 나와 단원들이 함께 불렀다.

어린이와 청소년들을 사랑하는 사람들이 모여 동요 부르기 캠페인을 벌이는 일은 문학과 함께한 내 삶의 한 페이지 속에 내 작은 기쁨 하나가 또 생긴 것이다. 내가 쓴 동요를 비롯하여 새 동요를 보급도 필요하지만 우선 사라져가 는 애창 동요를 찾아 부르고 싶었다. 「고향의 봄」 「반달」 「오빠생각」 「나뭇잎배」 「겨울나무」 「섬집 아기」 「산바람 강바람」 등 흥얼흥얼 자연스럽게 입가에서 흘러나오던 우리 민족의 정서가 담겨 있는 이 아름다운 동요들이 그냥 사라지는 것이 안타깝기 그지없다.

올림픽공원과 대모산 숲속, 석촌호숫가를 중심으로 십여 명이 시작했는데 두 달도 안 되어 삼십 명이 넘게 동참하고 있으며 그동안 드나든 인원은 육십 명이 넘는다. 요즘엔 매주 화요일 오전에 석촌호숫가에 모여 카세트 음반의 박자에 맞추어 동요를 부르고, 시민들에게 가사가 담긴 인쇄물을 배포한다. 날씨가 추워지면 어린이집이나 노인복지회관에도 들러서 그들의 마음을 녹여주었다. 산책길에 손을 흔들어 주거나 손뼉을 치며 격려해 주는 사람들도 많지만 잠시나마 우리 곁에 앉아 함께 노래를 부르는 이들은 금방 마음이 통하여 하나가 된다. 자연 속에서 노래를 부르는 우리들은 스스로도 힐링이 되어 즐겁고 보람된 한나절을 보낸다. 그리고 종종 자녀들의 교육상담도 해주고 주변의 휴지나 오물을 치우며 자연보호 활동도 함께 하고 있다.

메말라가는 현대인들의 동심 회복과 사회 정화를 위한 이 캠페인이 널리 퍼져나가면서 서울 시민들의 아름다운 정서순화에 작은 보탬이 되길 바라는 마음 간절하다.

국제PEN한국본부
창립70주년기념 산문선집 01

한국 펜과 국민 팬

발행일 2023년 3월 15일
지은이 김용재 김유조 김철교 심상옥 오경자 최균희

발행인 강병욱
발행처 도서출판 교음사

03147 서울 종로구 삼일대로 457 수운회관 1308호
Tel (02) 737-7081, 739-7879(Fax)
e-mail : gyoeum@daum.net
등록 / 제2007-000052호

* 잘못된 책은 바꿔 드립니다. 값 13,000원

ISBN 978-89-7814-019-5 03810